3데이즈 *in* 타이베이

김경하 지음

3 DAYS *in* Taipei

목차 *Contents*

- 4 프롤로그
- 6 타이완은 어떤 나라일까? / 타이베이는 이런 도시!
- 12 기본 여행 정보
- 14 대중교통 정보
- 16 타이베이 여행 Tip
- 17 타이베이 MRT 노선도
- 18 기초 중국어

DAY 1 블링블링 타이베이 : 동쪽에서 놀기

- 20 24시간 딤섬집에서 활기찬 아침 식사
- 22 생생한 핫플레이스 정보를 얻을 수 있는 서점 나들이
- 24 타이베이의 가로수길, 동취 골목 산책
- 28 골목 사이 숨어있는 맛집에서 맛있는 점심
- 32 과거의 공간에 숨결을 불어넣은 문화예술단지
- 38 도심 속 작고 소박한 공간에서의 편안한 휴식
- 42 푸짐한 동남아 요리를 만날 수 있는 뷔페 레스토랑
- 44 타이베이의 밤을 만끽할 수 있는 핫플레이스
- 46 오늘의 루트 MAP

DAY 2 올드앤뉴 타이베이 : 서쪽에서 놀기

- 50 생동감 넘치는 로컬 시장에서의 하루 시작
- 52 도심 속 공원에서 잠시 쉬어가기
- 54 시간의 흔적 사이로 옛거리 산책
- 58 차관에서 즐기는 푸짐한 점심
- 60 여유롭게 즐기는 오후의 차 한잔
- 66 보랏빛 노을이 지는 딴쉐이 산책
- 70 타이베이에선 꼭 먹어야지! 망고 빙수
- 72 즐거운 한밤의 축제 타이베이 야시장
- 78 오늘의 루트 MAP

Special & Column

- 30 타이베이의 맛있는 체인점들
- 31 타이베이의 로컬 음료수·커피 브랜드
- 36 국부기념관 VS 중정기념당
- 40 타이베이 전망 명소
- 48 오늘의 수확물 I
- 56 디화지에만의 독특한 건축 양식
- 64 쭝산 골목 잡화점 산책
- 71 타이베이의 빙디엔
- 74 타이베이의 야시장
- 76 타이베이의 샤오츠
- 80 오늘의 수확물 II
- 90 공관 야시장의 대표 샤오츠 가게
- 92 타이베이 사람들의 일상을 엿볼 수 있는 로컬가게들
- 102 캉칭롱 골목 산책
- 106 오늘의 수확물 III
- 120 지산지에의 샤오츠

유유자적 타이베이 : 더욱 느긋하게 즐기기 DAY 3

- 82 한갓진 주택가 골목에서 여유로운 브런치
- 84 타이완을 대표하는 국민 디저트 맛보기
- 86 수산시장에서 즐기는 싱싱한 해산물 요리
- 88 지성과 젊음이 가득한 대학가 산책
- 94 언덕 위에 숨어있는 예술촌 걸어보기
- 96 고즈넉한 주택가 골목길 어슬렁거리기
- 98 미식 골목에서의 정성스런 한끼 식사
- 100 여행의 추억을 떠올리게 해줄 기념품 쇼핑
- 104 오늘의 루트 MAP

3일간의 여행이 아쉽다면 조금 더 멀리 가보기 번외편

- 108 베이터우 온천 여행
- 116 지우펀 골목길 탐방
- 124 핑시선 기차 여행

- 132 제가 묵어봤습니다! 타이베이 추천 호텔
- 135 에필로그

프롤로그

타이베이는 소소(小小)한 재미가 있는 소소(笑笑)한 도시입니다.
약간의 느긋함과 조금의 호기심만 있다면 도시의 골목마다
숨겨져 있는 보석 같은 장소들을 발견하게 될 것입니다.
〈3데이즈 in 타이베이〉에서는 매일 다른 콘셉트로 꾸며진
알찬 3일 간의 타이베이 여행 코스를 제안합니다.
이미 유명한 관광지보다는 좀 더 현지에서 인기 있는 장소들을
소개하려 노력했습니다. 그래서 두 번째 혹은 세 번째 타이베이 여행을
계획 중인 분들에게 더욱 적합한 여행서가 될지도 모르겠습니다.
물론, 타이베이로 향하는 첫 여행일지라도 나만의 개성 있는
여행 코스를 원하시는 분이라면 이 책과 동행하여주시기 바랍니다.
다양한 즐거움을 발견하는 재미가 있는 도시인 만큼,
3일 간의 코스로는 타이베이의 여러 매력 중 일부만을 전할 뿐입니다.
그러니 이 책을 가이드라인 삼아 본인의 취향에 맞는 일정으로
타이베이를 충분히 즐길 수 있는 나만의 코스를 완성해나가시길 바랍니다.
잔잔한 재미가 가득한 추억으로 채워질 당신만의 타이베이 여행을 응원합니다.

김경하

타이완은 어떤 나라일까?

타이완(台灣, Taiwan)의 공식국호는 중화민국(中華民國, Republic of China), 중국이 참석하는 국제 행사에서는 'Chinese Taipei'를 사용한다. 면적은 약 36,190㎢로 한국의 1/3 크기이며, 인구는 약 2,300만 명, 국내총생산액(GDP)은 5,000억 달러로 세계 23위에 해당한다. 17세기 타이완을 발견한 포르투갈 항해사들에 의해 '아름다운 섬'이라는 뜻의 '포르모사(Formosa)'로 불리기도 한 타이완은 네덜란드와 스페인, 중국과 일본 등의 통치기를 거치는 동안 토착민이던 원주민 문화에 식민지 문화, 중국 대륙에서 건너온 외성인 문화까지 합쳐진 다양한 문화들이 공존하는 곳이 되었다. 본성인(74%) 다음으로 외성인, 객가인, 원주민 순으로 민족 구성이 이루어져 있다. 공화제인 타이완은 중화민국이 건국된 1912년을 민국원년(民國1年)으로 표기한 민국(民國)이라는 연호도 함께 사용하고 있다. 현재 연도에서 1911을 빼면 민국연호를 알 수 있다(2016년 현재는 민국105년). 가장 대다수를 이루는 종교는 불교와 도교이다.

타이베이는 이런 도시!

타이완 섬의 북부에 위치하고 있는 타이베이(Taipei)는 타이완의 수도이자 중앙정부의 소재지이다. 271.8㎢으로 서울의 절반보다 작은 면적을 차지하고 있다. 한자 표기는 臺北이지만 관습적으로 台北도 통용된다. 17세기 중반 네덜란드 통치기까지 타이완의 중심 도시는 타이난이었으나 청나라의 타이완 통치가 시작되면서부터 대륙에서 넘어온 한족과 함께 타이베이에 대규모 개발이 진행되었다. 현재 타이베이는 타이완의 경제, 문화의 중심지이자 국제적인 관광도시이다. 풍부한 역사적 배경으로 문화적 다양성과 개방성을 지닌 타이베이는 오래된 사원에서부터 101빌딩 같은 현대적인 건물까지 동서고금이 조화를 이루고 있는 도시이자, 다채로운 식문화가 발달한 미식(美食)의 도시이기도 하다.

이 책의 정보는 2016년 9월까지 취재·조사한 자료를 바탕으로 합니다. 중국어 표기는 현지 발음을 우선으로 하였으며, 소개하는 장소명이 한자어 음독으로 더 널리 사용되는 경우 한글 독음을 우선으로 하였습니다.

외국인 거주자가
살기 좋은 나라
1위
2016년
InterNations

국가경쟁력 순위
12위
2014년 WEF

일과 생활의
균형 만족도
4위
2016년
InterNations

한국인 추석
인기 여행지
2위
2016년 스카이스캐너

아시아 그린 시티
2위
2011년 영국
이코노미스트(EIU)

세계에서 가장
안전한 주요 도시
13위
2015년 영국
이코노미스트(EIU)

아시아·태평양 지역
경쟁력 있는 미래 도시
3위
2015년 영국
파이낸셜타임스(FT)

세계에서 인구
밀도가 높은 도시
7위
2007년 미국
경제지 포브스

3 Days in Taipei

기본 여행 정보

타이베이 언제 가면 좋을까?

타이완은 아열대 동북 몬순 기후권에 속하며 북부에 있는 타이베이는 아열대기후에 속한다. 연평균 기온 22도, 최저 12~17도로 일 년 내내 온화한 편이다. 대체적으로 습하고 강우량이 많다.

봄 (3~5월)
대체적으로 따뜻한 날씨지만, 4월까지는 불시에 비가 쏟아지는 경우가 많고 체감 온도가 다소 낮으므로 바람막이용 긴팔 옷을 준비해야 한다. 5월 둘째 주 주말인 모친절(母親節, 어머니의 날)을 앞두고 백화점과 상점들은 한 달 동안 대대적인 세일과 이벤트를 진행한다.

여름 (6~8월)
호우 및 태풍이 잦은 시기. 한낮은 35도 내외로 고온다습하고 불쾌지수가 높다. 햇살도 굉장히 따가우니 자외선 차단제와 선글라스 등을 꼭 준비할 것. 실내는 동네 작은 식당까지도 에어컨이 나오므로 얇은 카디건과 우산을 가지고 다니는 것이 좋다.

가을 (9월~11월)
가끔 늦은 태풍이 찾아오기도 하지만 비교적 서늘하고 강우량이 적어 여행하기에는 가장 적합한 시기이다. 낮과 밤, 실외와 실내의 온도 차가 있으므로 얇은 옷을 여러 겹 입어 조절을 하는 것이 좋다. 큰 명절인 중추절에는 영업을 하지 않는 곳도 많으니 미리 알아보자.

겨울 (12~2월)
겨울에도 영상 10도 이상이지만, 실내 난방이 없고 습기가 높아 체감온도가 낮은 편이다. 중권권의 대명절인 춘절(春節)이라 부르는 음력 설에는 문을 닫는 곳이 많다. 타이베이 101 새해맞이 불꽃놀이(台北101跨年煙火, 12월 31일 자정)와 타이베이 등축제(台北燈會, 음력 정월 15일) 등의 볼거리가 있다.

휴일 국경일 (2016년 기준)

1월 1일 중화민국 개국 기념일
2월 8~12일 춘절(설, 음력 1월 1일)
2월 29일 228평화기념일(2.28일의 대체휴일)
4월 4일 어린이날
4월 5일 청명절

5월 1일 노동절
6월 9~10일 단오절(음력 5월 5일)
9월 15~17일 중추절(추석, 음력 8월 15일)
10월 10일 쌍십절(건국기념일)

시차
한국보다 1시간 느리다. 예를 들어 한국이 아침 9시면 타이완은 아침 8시이다.

전압
110V로 형태가 다른 11자 콘센트를 사용하므로 변환 플러그를 준비해야 한다.

지진
환태평양 조산대에 포함되어 이따금 지진이 발생한다. 진동이 느껴지면 바로 창밖을 확인한다. 거리로 피해 나와 있는 타이베이 사람들이 없다면 늘 발생하는 정도의 지진인 셈이다.

화폐

단위는 元. 영어표기는 New Taiwan Dollar(영문약칭 NT$). 동전은 1, 5, 10, 20, 50NT$가 있고 지폐 100, 200, 500, 1000, 2000NT$ 권이 있다. 대략 1元(NT$)=40원으로 계산하면 된다. 카드 사용이 되지 않는 곳들도 있기 때문에 현금을 준비해 가는 것이 좋다.

언어
공용어는 만다린 중국어. 그 외 타이완 방언인 민난어, 객가어, 원주민어 등이 쓰인다. 영어보다 일본어를 할 수 있으면 좀 더 편리하다.

인터넷
홈페이지(www.tpe-free.taipei.gov.tw)나 관광안내소를 통해 신청하면 MRT 역 등의 'TPE Free Wi-Fi' 존에서 무료로 이용할 수 있다. 항상 연결하려면 와이파이용 에그를 대여하는 편이 저렴하다. 1대에 최대 10명까지 이용가능하다. 인터넷 사이트를 통해 예약·결제한 후 공항에서 수령 및 반납을 하면 된다. 스마트폰에서 인터넷을 사용할 때는 와이파이용 에그 외에 현지 유심칩을 구매하는 방법도 있다. 공항이나 시내 통신사 부스에서 날짜와 데이터 크기에 따라 선택할 수 있다.

공항에서 시내로

타오위엔국제공항에서 시내까지
공항버스를 이용하여 시내로 가는 것이 가장 저렴하면서도 편리하다. 요금은 노선에 따라 80~150NT$이다. 택시를 이용하면 1,000~1,500NT$ 정도가 든다.

① 출국장에서 나와 'Bus Station, Bus To City'표시를 따라가면 공항버스 매표소가 나온다.
② 노선도에서 목적지까지 가는 버스를 확인한 후 해당 창구에서 표를 구입한다.
③ 승차장에서 버스번호가 적혀진 표지판을 찾아간다.
④ 목적지를 말하면 짐에 붙인 번호와 같은 번호표를 준다. 하차 후 짐을 꺼낼 때 번호표를 보여주면 된다.

※ 시내에서 공항으로 갈 때는 공항터미널(제1터미널, 제2터미널)에 따라 짐칸이 나누어져있어 확인하므로 항공사별로 이용터미널을 미리 숙지하고 있을 것!

쏭산공항에서 시내까지
타이베이 시내에 있는 쏭산공항은 공항터미널 밖으로 나가면 바로 MRT 쏭산지창(松山機場) 역이 있어서 MRT를 타거나 택시를 타고 호텔로 이동하면 된다.

대중교통 정보

MRT

타이베이의 전철과 지하철을 통틀어 MRT 혹은 지에윈(捷運)이라고 부르며, 타이베이 시내 이동 시에 가장 편리하고 유용한 교통수단이다. 여행객들이 찾아갈 만한 관광지에는 대부분 MRT 역이 개통되어 있기에 웬만한 목적지는 MRT만으로도 이동할 수 있다. 깨끗하고 환승 거리가 가깝고 배차간격과 역 사이 간격이 짧아 더욱 편리하다. 노선이 복잡하지 않아서 타이베이가 처음인 여행자들도 쉽게 이용할 수 있다. 운행시간은 06:00~24:00이고 기본요금은 20NT$으로 거리에 따라 더해진다.

교통카드

타이베이 여행의 시작은 요요카(悠遊卡, Easy Card) 구입으로부터 시작된다. MRT 이용 시 20% 할인이 되고 (기본요금 20NT$→16NT$), MRT뿐만 아니라 시내·시외버스, 편의점, 국립박물관 등의 시설 입장료와 딴쉐이의 페리, 루이팡 행 열차까지 사용범위가 점점 넓어지고 있다. MRT 역사 및 편의점에서 구입과 충전이 가능하다. 구입 시 보증금은 100NT$이고 반납 시에 수수료 20NT$이 공제된다. MRT 이용이 많은 경우에는 정해진 시간 동안 자유롭게 이용할 수 있는 패스권(Taipei Metro Pass)을 구입하는 방법도 있다. 1일 무제한권(150NT$), 24시간권(180NT$), 48시간권(280NT$), 72시간권(380NT$) 패스가 있다.

택시

기본요금 70NT$으로 미터제로 운영된다. 가까운 거리면 100NT$정도로 부담스럽지 않아 특히 더운 여름에는 종종 택시를 이용하게 된다. 택시 기사들은 기본적으로 친절하며, 목적지나 주소를 보여주는 것이 가장 정확하다. 밤 11시~새벽 6시까지는 심야요금 20NT$가 더해지며, 춘절 연휴에도 추가 요금이 발생한다.

버스

노선수가 많고 복잡한 버스는 타이베이에 익숙한 상급자용 난이도를 지닌 대중교통이다. 요금은 버스 탈 때 운전석 위쪽의 표시등에 따라 上은 승차 시에, 下는 하차 시에 내면 된다. 시내버스 기본요금은 15NT$이나 타이베이 시내에서는 MRT 덕에 버스를 굳이 이용할 일은 없고, 지우펀 등 근교에 갈 때 시외버스를 이용하게 된다. 현금으로 승차 시에 거스름돈이 준비 안 되는 경우가 많으므로 늘 요요카를 넉넉하게 충전해서 다니는 것이 좋다.

타이베이 여행 Tip

1. MRT에서는 음식물 불가
MRT의 개찰구 앞에 그려져 있는 노란색 라인을 넘는 순간부터 모든 음료수와 음식물 섭취는 금지된다. 무의식중에 물병이라도 꺼내 마시지 않도록 주의해야 한다.

2. 우산·양산은 필수
자주 그리고 불시에 비가 내리는 타이베이에서 우산은 필수다. 특히, 여름이면 강렬하게 내리쬐는 햇볕을 가려줄 양산 겸용 우산은 여성 여행자들에겐 늘 가지고 다녀야 할 필수품이 된다.

3. 최저소비액·복무비
카페에서 주문할 땐 메뉴판을 잘 살펴보아야 한다. 최소소비액(最小消費額)은 1인이 주문해야하는 최소 금액, 복무비(服務費)는 서비스 요금이다.

4. 오후차 시간
점심과 저녁 시간 사이에(보통 2~5시) 카페에서는 음료와 디저트로 구성된 오후차 세트를 마련해 놓는 곳이 많다. 반면 식당 중에는 준비 겸 휴식으로 잠시 문을 닫는 곳이 많다.

5. 월요일 휴무 확인
국립박물관, 미술관 등은 물론이고 생각보다 월요일에 문 닫는 곳이 많으니 월요일 일정 계획을 세울 땐 휴무인지를 꼭 확인해야 한다.

6. 1+1 (買一送一, 마이이쏭이)
사려던 물건에 '買一送一'라고 적혀 있으면 무척 반갑다. 하나를 사면(買一) 한 개를 더 준다(送一)는 뜻이기 때문이다. 한국에서 살 수 있는 제품이라도 훨씬 저렴하게 구입할 수 있는 기회이니 유심히 살펴볼 것.

7. 카드불가·현금준비
예전보다는 카드가 가능한 곳이 많아지긴 했지만 아직 현금만 가능한 곳들도 있기 때문에 항상 약간의 현금을 준비해 두어야 한다. 특히 야시장에 갈 때는 잔돈을 넉넉히 준비해 간다.

8. 뷔페식 식당 (吃到飽, 츠다오빠오)
식당 간판에 '吃到飽'라고 적혀 있다면 무제한으로 맘껏 먹을 수 있는 뷔페식이라는 뜻이다. 타이베이에서는 메뉴를 막론하고 무제한 뷔페식인 식당을 많이 볼 수 있다.

9. 합석은 기본
특히 동네 식당이라면 합석은 기본이다. 밥을 먹다가 갑자기 모르는 사람이 아무 말도 없이 맞은편에 앉더라도 놀라지 말 것.

10. 주소 찾는 법
타이베이에선 주소만 안다면 목적지를 쉽게 찾을 수 있다. 주소는 도로명의 조합이고, 도로는 위계에 따라 로(路), 가(街), 항(巷), 농(弄) 순이므로 큰 도로부터 찾아나가면 된다. 마지막 호(號)는 번지수와 같은데 길 양쪽으로 한쪽은 홀수, 다른 한쪽은 짝수로 나누어져 있다.

· 기초 중국어 ·

여행 전에 간단한 중국어를 알아보자.
몇 가지 중국어 단어를 외우는 것만으로 자연스러운 의사소통이 가능한 것은 아니지만
식당, 상점 등에서 기본적인 인사를 건네는 것만으로도 여행은 한층 더 즐거워진다.

기본

你好!
니하오
안녕하세요.

是。/ 不是。
스 / 부스
네/아니요

我是韓國人。
워쓰한구어런
저는 한국인입니다.

謝謝!
씨에씨에
감사합니다.

再見! / 拜拜!
짜이지엔 / 바이바이
안녕히가세요!

認識你很高興。
런스니 헌까오씽
만나서 반갑습니다.

不好意思。
부하오이쓰
실례합니다.

洗手間在哪裡?
시쇼우지엔짜이나리?
화장실이 어디입니까?

沒關係。
메이꽌씨
괜찮습니다.

식사

好吃。
하오츠
맛있습니다.

請給我這個。
칭게이워쩌거
이거 주세요.

買單。
마이딴
계산해주세요.

請給我發票。
칭게이워파피아오
영수증 주세요.

要辣嗎? / 要辣。
야오라마? / 야오라
맵게 해줄까요? / 맵게 해주세요.

請推薦一下。
칭투이찌엔이시아
추천해주세요.

打包一下。
다빠오이시아
포장해주세요.

請多一點。
칭뚜어이디엔
많이 주세요.

不要香菜。
부야오 샹차이
샹차이는 빼주세요.

교통

我要去這裡。
워야오취쩌리
이곳에 가고 싶습니다.

捷運站在哪裡?
지에윈짠짜이나리?
MRT 역은 어디 있나요?

在這裡停一下。
짜이쩌리팅이시아
여기에 세워주세요.

離這裡遠嗎?
리쩌리 위엔마?
여기서 멉니까?

상점

多少錢?
뚜어샤오치엔?
얼마입니까?

太貴了。
타이꾸이러
너무 비싸요.

可以刷嗎?
커이슈아카마?
카드 사용됩니까?

請便宜一點。
칭피엔이디엔
깎아주세요.

24시간 딤섬집에서 활기찬 아침 식사

창밖으로 쭝샤오뚱루(忠孝東路) 풍경이 내려다보이는 딤섬집에서 시작하는 여행 첫날. 동그란 테이블에 앉아 딤섬을 먹으면 오래전 즐겨보던 홍콩 영화의 한 장면이 떠오른다.

홍콩인 셰프가 직접 만드는 홍콩식 딤섬

징씽깡스얌차 京星港式飮茶

얌차(飮茶)는 '차를 마신다'는 광동식 표현으로 광동 지방에서는 차와 함께 딤섬을 즐기기 때문에 간판에 '飮茶'라고 쓰여 있으면 딤섬을 파는 식당이라는 걸 알 수 있다. 이곳은 24시간 영업하는 딤섬 가게로 딤섬 외에 요리와 디저트류의 종류도 다양하기 때문에 메뉴판을 볼 때마다 한참을 고민하게 된다. 특히 오전 7시부터 10시 30분까지는 108NT$의 가격으로 메인 음식+딤섬+음료수로 구성된 실속 있는 모닝세트(精緻早餐)를 이용할 수 있다. 뚠화난루(敦化南路) 건너편 2층에는 Part.1 지점이 자리하고 있으며, 같은 체인점인 MRT 쭝샨(中山) 역의 '지싱깡스얌차(吉星港式飮茶)'에서는 면과 죽으로 구성된 6가지 메뉴 중 하나를 주문하면 딤섬을 30NT$에 즐길 수 있는 모닝세트를 이용할 수 있다.

- MRT 쭝샤오뚠화(忠孝敦化) 역 4번 출구 바로 앞 2층
- 台北市忠孝東路四段166號2樓(Part.2)
- 24시간, 모닝세트 이용시간 07:00~10:30
- 02-2777-1717
- www.citystar.com.tw

① 커다란 창밖으로 쭝샤오똥루 거리가 내려다보이는 실내.
② 실속 있게 구성되어 있는 모닝세트(108NT$). A, B, C에서 하나씩 선택하면 된다.
③ 24시간 즐길 수 있는 다양하고 맛있는 메뉴들.

3 Days in Taipei 21

10:30 ✈

생생한 핫플레이스 정보를 얻을 수 있는
서점 나들이

본격적인 일정을 시작하기 전 잠시 서점에 들려 타이베이 현지인들에게 인기 있는 핫플레이스에 대한 정보를 살짝 엿보자.

중국어를 몰라도 재밌는 독서 삼매경
청핀슈디엔 誠品書店

1989년 런아이루(仁愛路)의 작은 서점에서 시작한 청핀슈디엔(성품서점)은 이제 타이완을 대표하는 대형서점이자 라이프스타일을 선도하는 브랜드인 청핀성훠(誠品生活, 성품생활)로 발전했다. 타이베이에만 13개 지점이 있는데 그 중 뚠난점(敦南店)은 24시간 영업으로 책을 좋아하는 이들을 위해 언제나 문이 열려 있다. 조용한 서점 안은 마치 대학교 도서관을 연상케 하고, 마룻바닥이 깔려 있어 조심스레 한 걸음을 내딛을 때마다 삐걱대는 소리가 정겹다. 중국어를 읽을 수 없어도 잡지 코너에서 타이베이의 최신 유행을 살펴보거나, 여행 코너에 자리를 잡고 앉아 현지에서 인기 있는 스폿들에 대한 정보를 얻기도 한다. 서점 입구의 'Eslite Cafe'에서는 방금 산 책을 커피 한 잔과 함께 여유롭게 읽어볼 수 있다. 지하층으로 내려가면 문구 디자인 제품과 생활 소품들을 구경할 수 있고, 푸드코트에서 식사도 할 수 있으니 일단 한번 들어오면 예상치 못하게 꽤 머무르게 되는 매력 넘치는 공간이다.

- MRT 풍사오문화(忠孝敦化) 역 6번 출구로 나와 직진
- 台北市敦化南路一段245號
- 서점 24시간, 상점 11:00~22:30
- 02-2775-5977
- www.esliteliving.com

①책을 몇 권 구입했더니 심플한 디자인의 가방에 담아주었다.
② 서점은 2층, 지하 2층에서 지상 1층까지는 문구, 생활소품, 식당가 등 다양한 상점들로 구성되어 있다.

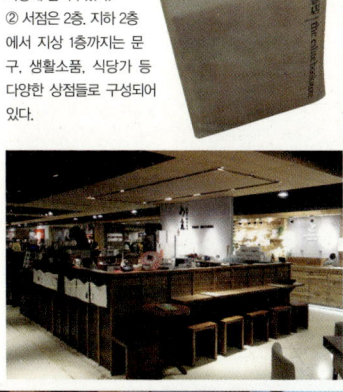

3 Days in Taipei

12:00

타이베이의 가로수길, 동취 골목 산책

서울의 가로수길 같은 동취의 골목들.
타이베이 젊은이들의 유행을
엿보는 동안 나만의 아지트로
삼고 싶은 가게들이 속속들이 나타난다.

VVG한 감성의 디자인 그룹
하오양 VVG 好樣 VVG

- MRT 쏭산오뚠화(忠孝敦化) 역에서 도보 10분
- 台北市忠孝東路四段181巷40弄
- 12:00~21:00
- 02-8773-3533
- vvgvvg.blogspot.kr
  www.facebook.com/vvgteam

17년 전 동취의 한 골목에 오픈한 작은 식당이 이제는 타이베이의 곳 곳에 서점, 카페, 잡화점, 영화관 등을 아우르며 그들만의 감성적인 VVG 라이프스타일 빌리지를 만들어 가고 있다. 처음 가게가 자리 잡았던 골목에는 현재 4개의 가게가 운영 중이니 VVG 골목이라 불러도 될 법하다. 통유리창 너머로 골목 쪽을 향해 앉아 있는 커다란 소파가 인상적인 카페 VVG Bistro(好樣餐廳), 그 건너편에는 빨간 문을 열고 들어가면 전 세계에서 수집해 온 듯한 책과 잡화들이 진열된 작은 서점 VVG Something(好樣本事), 바로 옆에는 생활잡화점 VVG Pride(好樣自慢)가 2016년 5월에 문을 열었다. 근처에는 VVG만의 감각으로 꾸며진 호텔 VVG BB+B(好樣公寓)도 운영 중이다. 참, VVG는 Very Very Good의 약자. 이름에서부터 VVG한 감성이 듬뿍 묻어난다.

VVG Something 好樣本事

2012년 미국의 대중문화사이트 'Flavorwire.com'에서 선정한 '세계에서 가장 아름다운 서점 20' 중 한 곳으로 소개된 작고 개성 있는 서점.

① 빨간색으로 포인트를 준 VVG Something의 출입구.
② 작은 서점 안에는 예술, 디자인과 요리 관련 책, 다양한 잡화 등이 가득하다.

○ VVG Pride 好樣自慢

최근 오픈한 유기농 먹거리, 천연 재질의 의류 등 오가닉한 느낌이 가득한 생활잡화점.

TIP
이곳에서도 만날 수 있어요!
VVG Thinking 好樣思維

린이지에(臨沂街)의 VVG Chapter(好樣文房), 쏭산원창위엔취의 VVG Action(好樣情事)과 화산1914원창위엔취의 VVG Thinking 등 타이베이의 곳곳에서 VVG를 만날 수 있다. 특히, 화산1914원창위엔취의 벽돌 건물 안에 자리하고 있는 VVG Thingking은 1층은 파스타, 스테이크 등을 파는 레스토랑+화원+전시 공간, 2층은 문구+서점+수공예품+가구+의류 공간이라는 복잡한 콘셉트를 지니고 있는 곳인 만큼 다양한 문화예술관련 이벤트가 열리곤 한다

- 台北市八德路一段1號(紅磚六合院C棟)
- 12:00~21:00
- 02-2322-5573

VVG Bistro 好樣餐廳
친구네 집에 놀러온 듯 편안한 분위기의 카페.

골목 사이 숨어있는 맛집에서 맛있는 점심

우육면 한 그릇도 동취에서라면 트렌디하게 변신한다. 골목마다 개성을 지닌 음식점들이 숨어있기에 작은 골목 하나라도 놓칠 수 없다.

①

지구에서 가장 푸짐하고 맛있는 파니니 샌드위치

토스테리아 카페 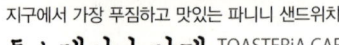 TOASTERiA CAFE

지구에서 가장 푸짐하고 맛있다니! 너무 과장된 홍보문구가 아니냐며 도리어 의심을 하게 되지만, 일단 이곳의 두툼한 파니니 샌드위치를 한 입 베어 물면 왜 이리 자신 있는지 단번에 알게 된다. 30여 종의 다양한 파니니 샌드위치는 딱 적당할 만큼 바삭하게 구워져 나온다. 메뉴판과 벽면에 '다이어트콜라, 저지방 치즈 따위는 없으니 찾지 말고 푸짐하게 즐기라'고 적혀있는 재미난 문구 또한 활기찬 매장 분위기와 잘 어울린다. 2층의 조그마한 발코니 공간은 햇살 좋은 주말이면 맘껏 여유를 부리며 느긋하게 브런치를 즐기기에 딱이다. 저녁 이후에는 맥주와 함께 즐기는 캐주얼 펍 분위기로 바뀐다.

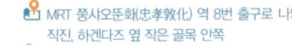

③

📍 MRT 쭝샤오둔화(忠孝敦化) 역 8번 출구로 나와 작진 하겐다즈 옆 작은 골목 안쪽
🍴 台北市大安區敦化南路一段169巷3號
🕐 월~금요일 11:00~03:00, 토요일 09:00~03:00, 일요일 09:00~01:00
📞 02-2752-0033
🌐 www.toasteriacafe.com
※ 카드불가, 2층은 12시부터

① 2층에는 밝은 햇살이 가득 들어오는 테라스 좌석이 있다.
② 작은 골목에 숨어있지만, 평일에도 오픈 시간부터 손님들이 가득 찬다.
③ 파니니 샌드위치 Meat Lover(210NT$)+감자튀김 · 음료(150NT$). 콜라와 스프라이트는 리필이 가능하다.

마라훠궈만큼 새빨간 우육면

마샨탕 麻膳堂

온갖 식당과 카페가 모여 있는 동취에서도 맛집들이 모여 있기로 유명한 MRT 궈푸지니엔관 역 2번 출구. 이곳에 젊은 감각의 인테리어와 오픈 주방으로 꾸며진 우육면 가게 마샨탕이 등장하여 인기를 끌고 있다. 마라훠궈만큼이나 새빨간 국물과 푸짐하게 올려진 초록색 파의 색감이 눈으로 먼저 식욕을 돋운다. 마라우육면을 주문하면 기본 토핑인 또우피(豆皮), 고기, 오리선지, 숙주 등을 다 넣을지 물어본다. 원하지 않는 건 빼달라고 하면 된다.

MRT 궈푸지니엔관(國父紀念館) 역 2번 출구에서 직진
台北市大安區光復南路280巷24號
11:00~22:00
02-2773-5559
www.mazendo.com.tw
※세금 10% 별도

① 마샨탕의 대표메뉴인 마라우육면(麻辣牛肉麵, 200NT$)과 함께 주문한 군만두(鮮肉煎餃, 75NT$). 매운맛의 정도도 선택할 수 있어 중간 매운맛(中辣)을 선택했더니 일반적으로 선택하는 조금 매운맛(小辣)도 매운 편이라면서 추천해주었는데, 역시 한국인의 입맛엔 전혀 맵지 않았다.
② 가게 문을 열고 들어가면 먼저 오픈키친이 보인다. 내부에서는 감미로운 재즈 음악이 흐르고 있다.

Special
타이베이의 맛있는 체인점들

궈티에 전문점 팔방운집 八方雲集

기다란 모양새가 춘권과 비슷하지만, 궈티에(鍋貼)는 튀기지 않고 물을 부어가면서 굽기와 찌기를 동시에 해서 만든 만두다. 밑면은 노릇노릇하게 구워져 군만두의 식감이고, 만두피는 쫄깃하게 찐만두의 식감을 느낄 수 있다. 궈티에 메뉴는 오리지널, 한국식 김치맛, 카레맛, 부추맛 등이 있고 개당 판매하기 때문에 주문서에 원하는 개수를 적어 주문한다. 궈티에와 함께 도우장(豆漿/두유)이나 쏸라탕(酸辣湯), 위미탕(玉米湯/콘스프) 등을 곁들여 먹는다.

닭튀김 전문점 딩과과 頂呱呱

노란색 간판에 적힌 빨간색 한 자와 캐릭터가 멀리서도 한눈에 들어오는 가게 딩과과는 올해 40주년을 맞이한 프라이드치킨을 전문으로 하는 패스트푸드점이다. 다른 패스트푸드점과는 달리 메뉴에 햄버거가 없고, 프라이드치킨 부위가 적혀 있는데 닭목(雞脖子, 70NT$) 부위도 따로 메뉴에 있다는 점과 감자튀김 대신에 고구마튀김이 있다는 점이 조금 색다르다. 짭조름한 약밥을 튀긴 과과빠오(呱呱包, 50NT$)도 별미 중 하나이다.

한입닭튀김 전문점 지광샹샹지 繼光香香鷄

양념의 스파이시한 맛과 향이 워낙에 강해서 간판이 보이지 않아도 어디선가 솔솔 풍기는 익숙한 냄새만으로도 주변에 지광샹샹지가 있다는 걸 알 수 있다. 역시 가장 인기 있는 메뉴는 닭튀김. 주문 시에는 사이즈(대/소)와 매운 양념 가루를 더 뿌릴지만 알려주면 된다. 한입 크기의 매콤짭짤한 닭튀김을 긴 이쑤시개로 콕콕 찍어 먹으며 걸으면 골목 구경하는 재미는 두 배가 된다.

마라훠궈 전문점 마라딩지 馬辣頂級麻辣鴛鴦火鍋

중국식 샤부샤부인 훠궈(火鍋)는 펄펄 끓는 육수에 육류, 해산물, 채소, 면 등의 온갖 재료를 넣어 먹는 요리이다. 일명 '마라훠궈'로 불리는 마라딩지는 벽면의 진열대에 놓인 갖가지 다양한 재료들을 뷔페식으로 이용하는 시스템이라 더욱 푸짐하게 즐길 수 있다. 채소 육수 베이스의 담백한 백탕과 산초를 넣어 입안이 얼얼해지는 매운 홍탕으로 구성된 원앙 스타일의 탕을 주문하는 게 일반적이다. 하겐다즈 아이스크림과 열대 과일, 조각 케이크 등의 후식 메뉴도 다양하게 준비되어 있어 부지런히 먹다 보면 2시간이라는 이용 제한 시간은 금세 지나가 버리고 만다.

Special
타이베이의 로컬 음료수·커피 브랜드

우스란 50嵐

타이난에서부터 시작해 지금은 타이완의 대표 브랜드가 된 우스란. 차를 베이스로 한 음료들이 주 메뉴다. 타이베이에서는 길거리에서 사 먹는 쩐주나이차 한 잔에도 타이오카의 크기, 당도, 얼음의 정도 등을 선택해야 한다. 쩐주나이차 외에도 하얀 우유거품이 올라간 티 마키아또, 라테를 좀 더 담백하게 즐기는 우롱라테 등 음료의 메뉴도 매우 다양하다. 다른 음료를 주문해도 쩐주(타피오카)를 넣을지 물어보니 계속 긴장의 연속이다.

칭위 清玉

거리마다 많은 음료수 가게들이 넘쳐나는 타이베이에서 몇 년 전 차탕회(茶湯會)와 함께 인기몰이하며 등장한 칭위. 이름에서부터 청량함이 느껴지는 칭위의 대표메뉴는 페이추이닝멍차(翡翠檸檬茶). 페이추이는 비취, 닝멍은 레몬이라는 뜻으로, 레몬차의 색깔을 비취라고 표현한 만큼 시원 상큼하고 뒷맛도 깔끔하다. 여름날, 습한 더위로 지쳐갈 때면 칭위의 시원한 레몬티 한잔이 생각난다.

세븐일레븐 CITY CAFE & 패밀리마트 Let's Cafe

골목마다 제일 많이 볼 수 있는 가게는 단연 편의점이다. 그만큼 타이베이 사람들의 일상과 편의점은 밀접한 관계를 맺고 있다. 편의점마다 대표 커피 브랜드가 있는데, 편의점에서 파는 커피라고 무시할 순 없을 정도로 맛도 훌륭할 뿐 아니라 양도 많고 가격까지 알차기에 그 어떤 커피전문점의 간판보다도 반갑다. 특히 패밀리마트의 아이스라테는 벤티 사이즈의 커다란 컵에 하얀 증기를 날리며 스팀밀크를 담아주니 더욱 감동적이다.

미스터브라운 伯朗咖啡館

호텔 객실에서 먼저 만나게 되는 미스터브라운. 믹스커피와 함께 밀크티도 인기다. 편의점이나 대형 슈퍼 등에서도 제품을 판매하기 때문에 선물용으로도 좋다. 미스터브라운을 포함한 타이베이의 로컬 커피 체인점에서는 커피 외에도 간단한 브런치나 샌드위치, 햄버거, 파스타 등의 다양한 식사 메뉴들을 이용할 수 있다. 여러 지점 중 딴쉐이중정점(淡水中正店)은 넓은 통유리를 통해 딴쉐이 강변 풍경을 감상하며 커피를 즐길 수 있는 핫플레이스이다.

15:00

과거의 공간에 숨결을 불어넣은 문화예술단지

옛 건물들을 허물지 않고 소중히 재활용하여 탄생한 도시의 문화예술단지에는 빈티지한 매력이 가득하다.

옛 담배 공장의 복합문화공간으로의 변신

쏭샨원창 위엔취 松山文倉園區

1937년에 지어진 낡은 담배공장(송산담배공장松山菸廠을 줄여 송옌松菸이라 불림)이 99번째 고적(古積)으로 지정되면서 복합문화공간으로 재탄생되었다. 커다란 나무 그늘 사이로 들어서면 주위를 둘러싼 도심 속 복잡함은 이내 사라지고 시간은 천천히 더디게 흘러간다. 낡은 건물의 구석구석을 돌아보며 다양한 전시들을 구경하다가, 인포메이션센터와 디자인 소품, 기념품 코너와 카페로 구성된 '송옌갤러리(松菸小賣所)'와 'CAFE SOLE(日出印象咖啡館)'에 들려 잠시 쉬어갈 수도 있다. 독특한 외관으로 새롭게 지어진 'Taipei New Horizon(台北文創大樓)' 안에는 호텔, 서점과 영화관, 식당가, 기념품점, 생활잡화점 등이 자리하고 있어 더욱 풍성한 볼거리를 선사해준다.

- MRT 궈푸지니엔관(國父紀念館) 역 5번 출구에서 도보 15분 또는 스쩡푸(市政府) 역 1번 출구에서 도보 15분
- 台北市信義區光復南路133號
- 단지 내 실내시설 09:00~18:00, 단지 내 야외시설 08:00~22:00, 송옌갤러리 10:00~18:00, CAFE SOLE 10:00~18:00
- 02-2765-1388
- www.songshanculturalpark.taipei

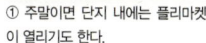

① 주말이면 단지 내에는 플리마켓이 열리기도 한다.
② 생산 공장에서 창고로 담배를 보내던 운송레일도 고스란히 남아있다.

③ 연못가 주변으로 커다란 나무 그늘 아래 휴식을 취할 수 있는 데크가 만들어져 있다.
④ 단지 내에는 전시 공간, 서점, 카페 등 다양한 시설이 자리하고 있다.

Taipei New Horizon 건물 내부에는 호텔, 서점, 영화관, 식당가, 기념품점, 생활 잡화점 등의 시설이 있다.

TIP
또 하나의 재활용 공간,
화샨1914원촹위엔취 華山1914文倉園區

화샨1914원촹위엔취는 1914년 지어진 낡은 술 공장을 복합문화공간으로 재활용한 곳이다. 낮은 공장과 창고 건물들 안에는 전시장, 카페, 레스토랑, 상점, 영화관 등 다양한 공간들이 들어차 있다. 주말이면 아담한 잔디광장과 야외공간마다 플리마켓과 각종 이벤트로 작은 축제가 열린 듯하다.

- MRT 산다오쓰(善導寺) 역 6번 출구
- 台北市中正區八德路一段1號
- 야외공간 24시간, 전시 및 상점은 시설에 따라 다름
- 02-2358-1914
- www.huashan1914.com

국부기념관 VS 중정기념당

도시의 무게중심을 잡듯 타이베이의 양쪽으로 크고 묵직한 두 건물이 자리하고 있다. 동쪽의 국부기념관(國父紀念館)과 서쪽의 중정기념당(中正紀念堂)이다. 각 건물 안에는 쑨원(孫文, 손원)와 장제스(蔣介石, 장개석)의 커다란 동상이 앉아 있다. 동상을 지키며 마네킹처럼 서 있던 근위병들이 정시마다 절도 있는 동작으로 움직이는 교대식과 광장에서 행하는 국기 하강식은 놓칠 수 없는 볼거리이다. 국부기념관은 연말이면 각종 시상식과 영화제 등으로 레드카펫이 펼쳐지며, 중정기념당 광장 양편으로 붉은 기둥이 인상적인 국가희극원과 국가음악당은 문화예술공연이 주로 열린다. 열강의 침략과 내전으로 복잡했던 근대사의 중요 인물이었던 그들을 기리는 기념관은 이제 타이베이 시민들이 즐겨 찾는 공원이 되었다.

① 커다란 노란 지붕과 한껏 들어 올린 처마가 인상적인 국부기념관.
② 기념관 안에는 커다란 쑨원의 동상이 앉아있다.

국부기념관의 '국부'는 누구?

국부기념관은 국부(國父)라 불리는 쑨원을 기념하는 곳이다. 쑨원은 신해혁명을 통해 청 왕조를 무너뜨리고 중국 최초의 공화정을 세운 사람이다. 중국 근대 혁명과 건국 기본 정치 이념이 되는 삼민주의(三民主義)를 제창했으며, 국민당과 중화민국의 창시자이다. 그가 만든 중화민국이란 국호는 현재 타이완의 공식국호이기도 하다. 중국과 타이완에서 모두 국부로 칭함을 받으며 존경받고 있으며, 그의 호인 중산(中山, 쭝샨)을 넣어 지은 도로명이나 지명도 종종 찾아볼 수 있다. 타이베이 기차역 근처의 고즈넉한 작은 목조건물인 국부사적관(台北國父史蹟館,逸仙公園)은 그가 잠시 머물던 여관을 기념해 놓은 곳이다.

중정기념당의 '중정'은 누구?

장제스는 쑨원의 뒤를 이어 국민당을 이끈 지도자이며 중정(中正)은 그의 호이다. 공산당과의 국공 내전에서 패한 후, 타이완으로 건너온 이후(이때 중국에서 가져온 수많은 보물이 현재 고궁박물관에 전시, 보관되어 있다.) 중화민국의 이름으로 국가체제를 갖추며, 27년간 장기 집권을 하는 동안 독재 정치를 했지만 동시에 타이완의 경제력을 끌어올려 경제성장을 이루었다.

③ 두 개 층의 파란 지붕이 올려져 있는 중정기념당. 계단 위 커다란 문안에 장제스 동상이 있다.
④ 미소를 짓고 있는 장제스 동상 양옆에도 근위병들이 지키고 있다.

근위병 교대식

국부기념관과 중정기념당 모두 근엄한 자세의 근위병들이 눈도 한 번 껌벅거리지 않은 채 국부와 중정의 커다란 동상의 양옆을 지키고 있다. 미동도 없던 근위병들이 매시 정각이 되면 갑자기 절도 있는 동작으로 움직이기 시작하며 다음 순서의 근위병과의 교대식이 이루어진다. 짧은 교대식이 아쉽다면 오후 6시 광장에서 진행되는 국기 하강식이 있다. 건물로부터 광장 중앙까지 육해공군이 모두 출동한다.

그들의 아내, 송씨 자매

쑨원과 장제스는 정치적 활동 외에도 밀접한 관계를 맺고 있다. 그들의 재혼 상대였던 두 사람이 친자매이기 때문이다. 쑨원에게 정치적 자금을 후원하던 대부호의 둘째 딸인 쑹칭링(宋慶齡, 송경령)은 아버지를 돕다가 만난 쑨원과 27살이라는 나이 차를 극복하고 결혼하게 된다. 그 후 쑨원이 타계한 후에도 그녀는 국가부주석을 두 차례나 역임할 만큼 활발한 정치 활동을 통해 존경을 받으며 국모로 불리었다. 반면, 그의 동생인 쑹메이링(宋美齡, 송미령)은 뛰어난 미모와 능숙한 영어 구사력, 타고난 배짱으로 장제스를 도와 미국과의 외교 관계에도 많은 영향을 끼쳤다. 평생을 검소하게 지낸 언니와 달리 동생은 어려운 시대에 고급 치파오와 모피를 소유할 만큼 성향이 달랐다. 결국, 두 자매의 우애는 장제스가 쑨원의 노선에서 벗어난 행보를 함으로써 갈라지게 되었고, 각각 중국과 미국에서 생을 마감했다. 이들 자매의 이야기는 '송가황조'라는 제목으로 영화화되었다.

송가황조(宋家皇朝: The Soong Sisters, 1997)
감독 장완정 | **주연** 양자경, 장만옥, 오군매

쑹칭링과 쑹메이링 외에 송가에는 첫째 쑹아이링(宋靄齡, 송애령)까지 세 자매가 있었다. 일찍이 미국 유학을 떠난 세 자매는 웨슬리대학을 졸업한 최초의 중국인 여성이기도 하다. 두 동생과 달리 쑹아이링은 중국은행 총재인 대부호와 결혼한 뒤 대외적인 활동은 하진 않았지만, 엄청난 부를 축적하고, 중일전쟁 때는 두 동생들과 함께 항일운동을 지원하기도 했다. 송자매에 대해 첫째는 돈과 결혼하고, 둘째는 국가와, 셋째는 권력과 결혼했다고 평하기도 한다. 13억 중국인의 근대사에 지대한 영향을 끼친 세 자매의 인생은 영화보다 더 영화 같다.

17:00

도심 속 작고 소박한 공간에서의 편안한 휴식

크고 화려한 건물만 있을 것 같은 동네 신이(信義), 그래서 우연히 작지만 개성 가득한 공간들을 만날 때면 그 어느 곳에서보다 더욱 반갑다.

타이베이 101 빌딩과 함께 만들어내는 대조의 미학

신이공민회관 信義公民會館

국공내전으로 타이완으로 건너온 국군장병과 그 가족 44명이 머무르던 곳이라 쓰쓰난춘(四四南村, 사사남촌)으로 불리기도 했던 신이공민회관. 높다란 현대식 초고층 빌딩인 타이베이 101 빌딩과 묘한 조화를 이루는 이 아담하고 작은 공간들은 이제 전시공간으로 탈바꿈했으며, 특히 C관에는 베이글 전문 카페와 MIT(Made In Taiwan) 제품들을 판매하는 하오치우(好丘)가 들어가 있다. '치우(丘)'는 언덕이라는 뜻으로 작은 언덕같이 생긴 건물 모양과 잘 어울린다. 주말이면 오후 1시에서 7시 사이에 작은 마당에 심플마켓이라는 이름의 플리마켓이 열린다.

- MRT 타이베이 101(台北 101) 역에서 도보 5분
- 台北市信義區松勤街54號
- 하오치우 월~금요일 10:00~20:00, 토·일요일 09:00~18:30 (매달 첫 번째 월요일 휴무, 오후차세트(下午茶套餐) 이용시간 14:00~17:30
- 02-2758-2609
- www.goodchos.com.tw

타이베이 101 빌딩과 화려한 건물들 뒤편으로 조용히 숨어 있는 신이공민회관.

① 하오치우에서 판매하고 있는 250여 종의 MIT 제품들은 구매 욕구를 불러일으킬 만큼 예쁘게 포장되어 있다.
② 하오치우 안쪽에는 20여종의 베이글을 만들어 파는 베이글 전문 카페가 있다.
③ 4종류의 크림치즈+3색 베이글+커피 2잔이 나오는 '432베이글 오후 차세트'(432貝果午茶套餐, 300NT$).
④ 쓰쓰난춘의 옛 생활공간들이 전시되어 있다.

3 Days in Taipei 39

Special
타이베이 전망 명소

타이베이를 대표하는 랜드마크
타이베이 101 台北101

길을 걷다가 건물 사이로 101 빌딩이 보이면 왠지 오랜 친구를 우연히 만난 듯 반갑다. 어딜 가든 지켜보고 있는 것 같아 든든함마저 느껴지는 101 빌딩은 명실상부 타이베이를 대표하는 랜드마크다. 2010년까지는 세계에서 제일 높은 건물이었지만 현재는 9위로 밀려났다. 하지만 지진이 잦아 새 건물이나 높은 건물이 그리 많지 않은 타이베이에서 이 초고층 빌딩의 존재는 단연 독보적이다. 대나무 형상을 모티브로 삼고 중국인이 좋아하는 숫자 8을 반영하여 8마디의 입면으로 구성되어 있다. 지하엔 다양한 식당가와 기념품 가게가 있고, 5층엔 전망대로 올라가는 매표소를 통해 89층(실내), 91층(실외)에서 타이베이 시내를 전망할 수 있다. 중간층은 구글 타이완 등이 들어와 있는 사무 공간이다. 세계에서 가장 빠른 엘리베이터와 가장 높은 곳에서 커피를 마시는 스타벅스 매장이 있다(35층 스타벅스 매장은 전 좌석 예약제). 무엇보다 타이베이 101에서의 가장 큰 이벤트는 새해맞이 불꽃놀이(台北101跨年煙火)이다. 서울에선 연말이면 보신각 종소리를 듣기 위해 종각으로 모이지만, 타이베이에선 불꽃놀이를 보기 위해 101 빌딩으로 모여든다. 건물이 폭발할 듯 격렬하게 터지며 밤하늘을 화려하게 수놓는 불꽃을 보면서 올 한 해도 무사히 보냄을 감사하고, 새로운 기대로 새해를 맞이한다.

타이베이 전경을 한눈에 담을 수 있는

샹산 象山

타이베이 101 빌딩과 함께 도시의 전경이 찍힌 파노라마 사진이나 엽서를 볼 때면 늘 궁금했다. 대체 이건 어디에서 찍은 걸까? 101 빌딩 주변에는 그다지 높은 건물이 있지 않은데 말이다. 이런 멋진 사진은 대체 어느 건물 위로 올라가야 찍을 수 있는 건지 수수께끼 같던 비밀의 해답은 건물이 아니라 코끼리 산이라는 뜻의 이름을 지닌 샹산이었다. MRT 샹산 역이 개통되어 가는 길도 더욱 편리해졌다. 샹산 역에 내려 중강공원(中强公園)의 녹음을 따라 걷다 보면 좌측으로 오르막길이 나오고 얼마 걷지 않아 샹산으로 올라가는 계단이 시작되는 작은 입구가 보인다. 샹산에 오르는 길에는 돌계단이 이어진다. 사진을 찍는 뷰포인트는 세 군데 정도인데, 힘들어도 위로 올라갈수록 풍경은 더욱 멋있어지니 첫 번째 전망대에서 포기할 순 없다. 밝은 낮의 타이베이 전경과 반짝반짝 불빛들이 박혀있는 야경도 멋지지만, 무엇보다도 노을이 지며 하늘이 보랏빛으로 물들 때의 하늘을 배경으로 한 타이베이 시내의 전경은 무척이나 낭만적이다.

① 노을이 지며 하늘이 물들어 갈 때의 타이베이 전경을 보고 있노라면 왠지 숙연해지기까지 하다.
② 전망대에선 모두 101 빌딩과 시내의 전경을 찍느라 부지런히 셔터를 누르게 된다.
③ 완전히 어둠이 깔린 타이베이의 야경.
④ 샹산 입구. 이곳에서부터 돌계단이 끝없이 이어진다.

19:00

푸짐한 동남아 요리를 만날 수 있는
뷔페 레스토랑

베트남, 태국 등 동남아 음식을 한국보다 저렴한 가격에 푸짐하게 즐길 수 있는 타이베이. 100원짜리 쌀국수에서부터 뷔페까지 다양하게 즐길 수 있다.

DAY 1

똠양꿍과 푸팟퐁커리를 맘껏 즐기는 태국식 뷔페

타이스창 泰市場

청핀슈디엔(誠品書店) 신이점에는 서점 외에도 다양한 상점과 식당가들이 들어차 있다. 그중 6층에 있는 타이스창은 리센트 그룹에서 운영하는 태국식 해산물 요리 전문 뷔페 레스토랑이다. 실내 인테리어도 태국 어느 휴양지 빌라처럼 디자인되었다. 똠양꿍, 푸팟퐁커리, 팟타이 등 태국 요리와 카레, 갖가지 다양한 해산물들을 타이완 생맥주와 함께 무한정 즐길 수 있다. 예약 시간에서 10분만 지나도 취소되기 때문에 저녁 타임이 시작되는 오후 6시 전부터 줄을 서 있는 풍경이 연출되기도 한다. 월요일은 레이디데이(美女用餐日)로 여성 고객들에겐 점심·저녁 모두 690NT$로 할인 서비스가 제공된다.

> **TIP** 요일과 시간에 따라 이용 가격이 달라요!
> 월~금요일 12:00~14:30 NT$$790,
> 월~목요일 18:00~21:30 NT$$890
> 금요일 18:00~21:30 NT$$990
> 토·일요일·공휴일
> 11:00~13:00, 13:15~15:30 NT$$990
> 17:00~19:00, 19:15~21:30 NT$$990

📍 MRT 스펑푸(市政府) 역 청핀신이디엔(誠品信義店) 6층
🍴 台北市信義區松高路11號6樓
🕐 12:00~14:30, 18:00~21:30, 연중무휴
📞 02-8786-0029
🌐 www.regenttaipei.com
※ 세금 10% 별도, 시간제한 없음

① 다양한 해산물과 태국식 샐러드, 카레, 볶음요리들이 준비되어 있다.
② 타이완 맥주를 시원한 생맥주로 무제한 즐길 수 있다.
③ 태국의 어느 휴양지로 놀러온 듯한 이미지로 디자인된 식당

21:00

타이베이의 밤을 만끽할 수 있는 핫플레이스

하루 일정을 끝낸 늦은 시간, 하지만 왠지 숙소로 들어가기가 서운하다면 시원한 칵테일 한 잔으로 깊어가는 타이베이의 밤을 함께 해보자.

늦은 밤에도 찾기 좋은 스타일리시한 공간

울루물루 신이 Woolloomooloo Xin Yi

울루물루 신이점은 번화가인 신이를 닮아 한껏 화려하다. 식료품점 WXY Yakka, 칵테일 바와 카페 공간의 세 가지 섹션으로 나누어져 있는데, 밖에서 보면 각각의 다른 가게로 보이지만 안쪽에서는 모두 하나로 연결되어 있다. 실내는 어두운 조명과 블랙 컬러로 디자인되어 더욱 스타일리시하게 느껴지며, 철제 계단으로 올라간 2층에는 넓은 공간이 마련되어 있다. 브런치와 파스타, 피자 등의 식사에 디저트류, 커피, 맥주까지 메뉴가 매우 다양하다. 식료품점 WXY Yakka 위 3층엔 호텔 WXY snooZe, 5층엔 전시공간 WXY Xhibit도 함께 운영되고 있다.

- MRT 타이베이 101(台北 101) 역에서 도보 10분
- 台北市信義區信義路四段379號
- 일~목요일 07:30~24:00, 금·토요일·공휴일 전일 07:30~01:00
- 02-8789-0128
- www.facebook.com/woolloomoolooTaipei

① 여행의 피로를 말끔히 날려주는 시원한 모히토 한 잔.
② 파스타, 피자, 케이크 등의 주요 메뉴들은 맛도 훌륭하고 양도 꽤 푸짐하게 나온다.

③ 식료품점인 WXY Yakka에서는 식재료 외에 수입 잡화와 호주산 술, 매일 만든 빵과 케이크까지 다양한 품목을 판매한다.
④ 컬러풀하고 앙증맞은 모양의 Woolloomooloo 오리지널 텀블러.
⑤ 2층에는 처음 본 사람이라도 옆에 앉으면 금세 친구가 될 수 있을 것 같은 기다란 원목 테이블과 야외 테라스 좌석이 준비되어 있다.

TIP
이곳에서도 만날 수 있어요!
울루물루 푸진 Woolloomooloo Fu Jin

울루물루가 2007년부터 자리 잡고 있는 푸진지에(富錦街)는 서울의 서래마을 같은 인상을 주는 동네이다. MRT도 닿지 않은 조용하고 낮은 주택가 골목에 세련된 카페와 가구점, 식당들이 모여 있다. 밝고 편안한 분위기의 아담한 카페 공간은 가운데 커다란 테이블 하나가 거의 차지하고 있다. 주말 아침이면 브런치를 즐기러 오는 손님들이 많다. 근처 민족초등학교 옆으로 커다란 나무들이 우거져 있는 가로수길(民生東路四段97巷)도 놓칠 수 없는 필수 산책 코스이다.

- 台北市松山區富錦街95號
- 화~금요일 10:00~18:00, 토 · 일요일 09:00~18:00, 월요일 휴무
- 02-2546-8318

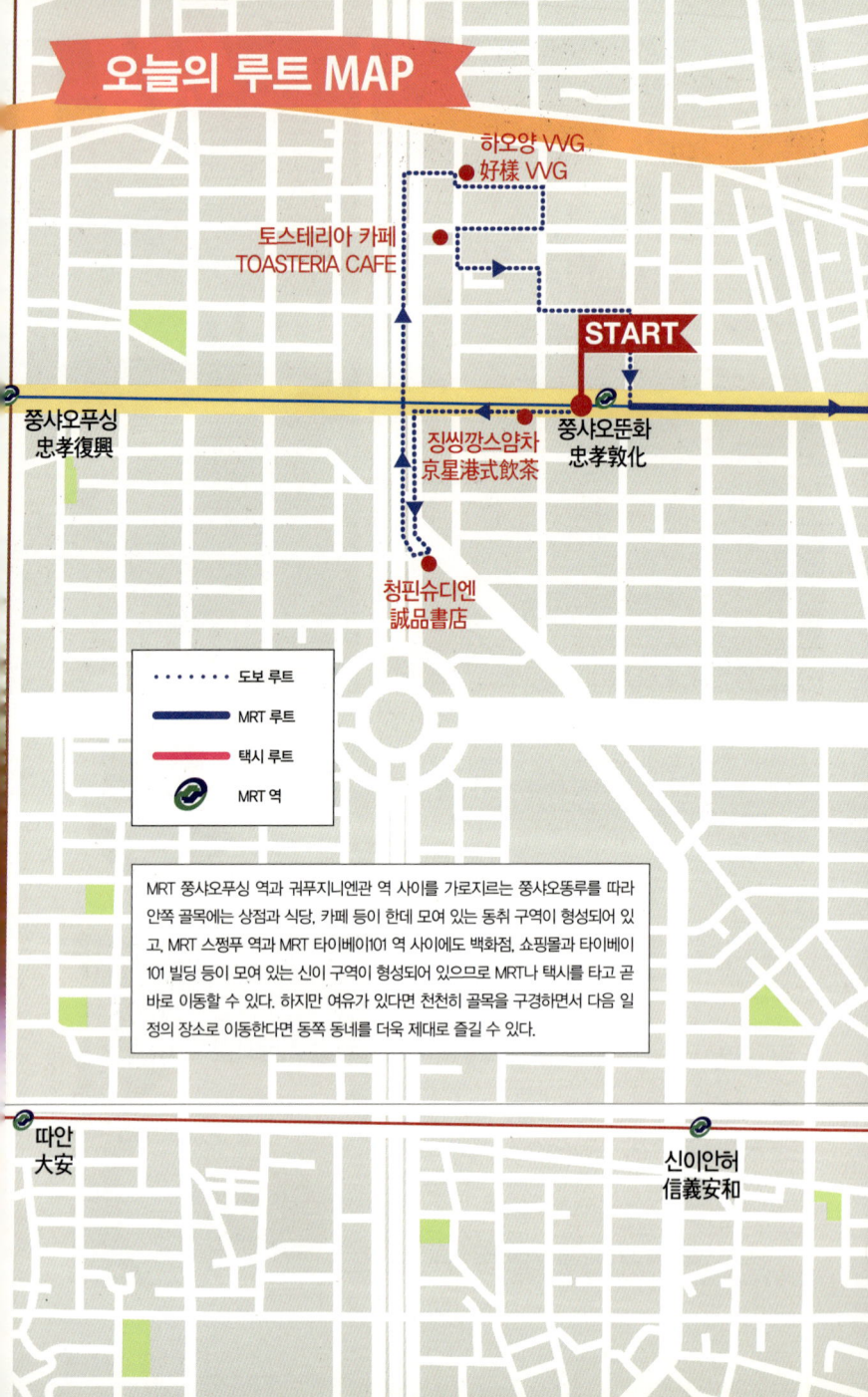

허브캔디
목에 좋다는 징두니엔츠안(京都念慈庵)의 허브캔디.
레몬그라스, 오리지널, 탠저린레몬, 민트 맛 등이 있다.

마스크팩
흑진주팩으로 인기 있는
워더메이리르지(我的美麗日記)의 마스크팩.
여행을 테마로 한 디자인 시리즈의 한정 상품.

Special
오늘의 수확물 I

금박블랙마스크팩
2015년 판매 1위에 빛나는 워더신지(我的心機)의
금박블랙마스크팩. 캐비어, 제비집 등
이름에서부터 럭셔리한 느낌을 준다.

백화유
귀여운 산리오 캐릭터로 디자인 된
간편하게 바를 수 있는 롤링 타입의 백화유(白花油).

여행책
사진과 주소만으로도 유용한 정보를
얻을 수 있는 현지의 여행책자들.

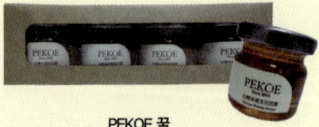

PEKOE 꿀
동취의 식료품 잡화점 PEKOE에서
구입한 수제꿀 세트.

밴드
오랜 시간 걷다가 생긴 물집 자리에
붙이면 좋은 푹신한 뒤꿈치 밴드.

DAY 2

올드앤뉴 타이베이 : 서쪽에서 놀기

지난 시간의 흔적들이 남겨져 있는 서쪽 동네에서
타이베이의 과거와 현재 사이를 거닐어 보기.

8:00

생동감 넘치는 로컬 시장에서의 **하루 시작**

한밤에 펼쳐지는 야시장과는 또 다른 활력이 넘치는 이른 아침의 동네 시장. 다양한 구경거리와 함께 타이베이의 일상을 엿볼 수 있다

야시장만큼 재밌는 아침 동네시장 구경

동문시장 東門市場

타이베이 시내에는 약 50여 개의 전통시장이 있다. 그중 오래된 시장으로는 1900년대에 지어진 남문시장(MRT 구팅 역)과 서문시장(현재 훙루극장), 그리고 1928년에 지어진 동문시장이 있다. 건물 형태로 되어 있는 다른 시장들과 달리 동문시장은 진산난루(金山南路2段)와 신이루(信義路2段81號) 사이의 작은 골목들이 미로처럼 연결되어 있다. 아침 일찍부터 시장 안은 근처 상인들과 주민들로 북적거린다. 동문시장의 대표 샤오츠는 미펀탕(米粉湯)으로 미펀탕 가게 골목이 따로 있을 정도. 의자에 앉기만 해도 일단 미펀탕 한 그릇을 갖다 주는 걸 보니, 지금까지 미펀탕을 주문하지 않은 사람은 없었나 보다. 탱탱함이 살아있는 이팡위완디엔(義芳魚丸店)의 산써탕(三色湯), 바삭한 식감과 촉촉한 소가 환상 궁합인 리룽빙디엔(利隆餠店)의 시엔빵(餡餠)도 놓칠 수 없다. 우연히 사 먹은 꼬치구이까지도 맛있는 활기찬 아침 동네 시장은 야시장과는 또 다른 재미가 있다.

- MRT 동먼(東門) 역 2번 출구에서 도보 5분
- 台北市中正區信義路二段81號
- 07:00~15:00, 월요일 휴무

따뜻한 미펀탕(20NT$) 한 그릇. 이름은 '탕'이지만 맛과 모양새는 쌀국수에 더 가깝다.

① 이팡위완디엔의 산쎄탕(三色湯, 50NT$), 무척 탱탱한 세 가지 종류의 어묵이 들어있다. 산쎄미엔(三色麵, 65NT$)으로 주문하면 면이 추가된다.
② 중국식 파이인 시엔삥(陷餠, 18NT$)이 유명한 가게 리롱삥디엔. 두 사람이 들어가면 꽉 차는 작은 가게 안에서는 쉴 새 없이 시엔삥을 구워낸다.

10:00

도심 속 공원에서 잠시 쉬어가기

타이베이에서의 골목길 산책이 한껏 더 여유로운 건 거리와 동네 곳곳에 크고 작은 공원들이 있기 때문이다. 햇살 좋은 날 조용한 공원 벤치에 가만히 앉아 있기만 해도 시간은 금세 흘러가 버린다.

타이완의 슬픈 역사을 담고 있는 평화로운 공원
228화평공원 & 국립타이완박물관 228和平公園 & 國立台灣博物館

- MRT 타이따이위엔(台大醫院) 역 바로 앞
- 台北市中正區襄陽路2號
- 화~일요일 09:00~17:00, 월요일 · 설날 · 추석 휴무
- 02-2382-2566
- www.ntm.gov.tw

타이완 현대사에서 가장 비극적인 사건으로 기록되는 228사건. 1947년 국공내전 이후 중국에서 타이완으로 건너온 외성인과 이전부터 타이완에 살고 있던 본성인들의 갈등으로 전국적인 시위가 발생하고, 이를 진압하는 과정에서 3만 명이 사망하는 유혈진압이 일어난다. 이때 발포된 계엄령은 40년이 지난 1987년에야 해제되고, 1988년 정부의 공식적인 사과와 함께 당시 사망한 시민들의 넋을 기리는 기념공원인 288화평공원이 세워졌다.

지난 일을 상상할 수 없을 정도로 공원 안은 무척이나 여유롭고 평화롭기만 하다. 공원 안에는 타이완에서 가장 오래된 박물관인 국립타이완박물관도 자리하고 있다. 고대 그리스 양식의 외관을 지닌 박물관 내부는 무척이나 고요하다. 110년의 세월을 고스란히 담고 있는 박물관 특유의 묵직함은 빗방울이 유리창에 떨어지는 소리와 묘하게 어울려 비 오는 날이면 유독 생각난다.

① 조용한 공원 안은 그토록 바랐던 평화로움이 가득하다.
② 고풍스러운 분위기의 국립타이완박물관. 입장료는 30NT$, 요요카 사용가능.
③ 박물관으로 들어가면 높다랗고 화려한 홀이 먼저 맞이해준다.
④ 시민들의 휴식처가 되어주는 228화평공원.

11:30

시간의 흔적 사이로
옛거리 산책

타이베이의 대표 라오지에(老街, 옛거리)인 디화지에(迪化街)에는 아직도 그 옛날의 흔적들이 고스란히 남아있다. 그리고 언젠가부터 이곳에 젊고 감각적인 상점들이 하나 둘 늘어나면서 새로운 활기를 불어넣어주고 있다.

올드스트리트에서 만난 감각적인 카페

옌화성 鹹花生, Salt Peanuts Bakery Cafe

국립사범대 앞을 대표하던 카페 옌화성이 디화지에로 이전했다. 높아진 월세라는 현실적인 이유가 있기는 하지만, 젊은 감각의 가게들이 하나둘씩 생겨나는 디화지에에 옌화성도 합류했다니 반갑기만 하다. 디화지에의 건물들은 가게 안에 또 다른 가게가 숨어있는 독특한 구조를 지니고 있다. 옌화성 역시 가게 안쪽 문을 통해 잘 가꾸어진 아담한 정원으로 나가면, 밝고 경쾌한 분위기의 옌화성과는 또 다른 분위기의 '피콕(Peacock, 孔雀)'이라는 이름의 가게 입구를 발견하게 된다. 왠지 식사나 술을 주문해야 할 것 같은 분위기지만 오후 2시부터 5시까지는 오후차 시간이 있어 간단히 커피나 차를 이용할 수도 있다.

- MRT 베이먼(北門) 역에서 도보 15분 또는 솽리엔(雙連) 역에서 도보 20분
- 台北市大同區迪化街1段197號
- 옌화성 10:15~18:00
- 피콕 월~목 11:00~23:00, 금~일요일 11:00~24:00
- 02-2557-8679
- zh-tw.facebook.com/saltpeanutscafe
- ※ 최저소비액 120NT$

피콕에서도 옌화성의 인기 메뉴인 시나몬롤 (130NT$)을 주문할 수 있다.

① 밝고 편안한 분위기의 카페 옌화셩 실내.
② 옌화셩 안쪽 정원 속에 숨어있는 피콕의 출입구.
③ 유럽, 아시아 요리와 함께 각종 칵테일을 즐길 수 있는 피콕 비스트로(Peacock Bistro).
④ 옌화셩과 정원을 통과해서 피콕으로 들어오라는 표지판. 두 가게는 주인이 같아서 옌화셩 손님들도 피콕의 화장실을 이용할 수 있다.

3 Days in Taipei

디화지에만의 독특한 건축 양식

MRT 베이먼(北門) 역에서 내려 타청지에(塔城街)를 따라 북쪽을 향해 걷다 보면 동서로 가로지르는 난징시루(南京西路)가 나타나는데, 이 길을 건너면 갑자기 시간을 훌쩍 거슬러 올라가 옛 건축양식의 건물들이 늘어서 있는 라오지에(老街)가 시작된다. MRT 따치아오토우(大橋頭) 역까지 이어지는 800m 정도에 달하는 긴 골목의 양옆으로 약재, 말린 과일, 차, 포목 등 다양한 상점들이 빽빽이 들어서 있다. 취급하는 물건의 종류와 상점의 올드한 분위기에 타이베이의 경동시장이라고 소개되기도 하는 이곳은 타이베이에서 가장 오래된 거리인 디화지에(迪化街)이다. 딴쉐이 강을 통한 교역 덕에 일찍이 청나라 때부터 타이베이의 번화가였던 다다오청에서도 가장 활발했던 상권 골목이다. 지금은 세월의 흔적만이 쌓여 낡고 조금은 허름해 보이기까지 하지만, 찬찬히 들여다보면 기다란 골목 빈틈없이 들어찬 건물마다 모두 입면이 다를 뿐만 아니라 기둥, 창틀 등의 화려하면서 디테일한 장식들로부터 옛 영화를 짐작할 수 있다. 건축 양식도 중국 전통적인 민난(閩南) 양식에서부터 바로크 양식까지 동서양이 혼재되어 있다. 타이베이에서 처음으로 서양식 2층 집이 들어선 곳이기도 하다. 설맞이용품거리(年貨大街)로 지정되어 음력설이 되면 골목 안은 사람들로 인산인해를 이룬다.

디화지에만의 재미난 삼진식 공간 구성

디화지에의 건물들은 삼진식(三進式)으로 구성되어 있기에, 건물 안쪽까지 구석구석 살펴봐야 한다. 삼진식이란 한자의 뜻대로 3번 진입하게 되는 공간 구성이다. 한쪽 골목에 면해 있는 입구로 들어가면 가게 안쪽의 작은 중정에 또 다른 가게들의 출입구가 있고, 그 가게 안쪽의 또 다른 중정과 가게를 통과하면 자연스럽게 다음 골목으로 나오게 되는 식이다.
민이청(民藝埕)이 들어선 건물도 대표적인 삼진식 건물 중 한 곳이다. 프로듀스 그룹인 스다이췬(世代群)에서 샤오이청(小藝埕)과 함께 운영하는 곳으로, 1920년대에 지어진 건물 안으로 들어가면 먼저 도예품 상점인 '타이커란(台客藍)'을 만나게 되고, 중정으로 나오면 'Le Zinc, 뤄(洛)'라는 와인과 벨기에 맥주, 커피 등을 파는 작은 카페 입구가 보인다. 중정에서 계단으로 올라가면 2층엔 전통 차와 다과를 즐길 수 있는 차관 '난항더이(南行得意)'가 있다.

디화지에에 불어오는 변화의 바람

타이베이를 대표하는 오래된 옛 거리에 뚜렷한 콘셉트를 지닌 개성 있는 잡화점이나 디자인숍 등의 창의적인 공간들이 하나둘씩 늘어나면서 디화지에가 젊어지고 있다. 난징시루와 용러스창(永樂市場) 사이의 와카페(蛙咖啡), 샤오이청 2층에 위치한 유명한 핸드드립 카페인 루궈카페(爐鍋咖啡), 귀엽고 아기자기한 디자인 잡화점인 인화러(印花樂), 네트워크로 연계되어 있는 도시재생전진기지(Urban Regeneration Station) URS155, 라이프스타일 디자인 그룹 모구(蘑菇) 등 곳곳에 창의적인 가게들이 들어와 있어 오래된 디화지에 골목이 새로운 문화예술의 골목으로 바뀌어가는 중이다. 강변 산책을 할 수 있는 다다오청 마터우에서는 여름이면 '다다오청 불꽃축제'가 열려 딴쉐이 강이 오색찬란한 불빛으로 물든다.

13:30

차관에서 즐기는 푸짐한 점심

MRT 쭝산(中山) 역 일대는 백화점, 고급호텔들과 함께 타이베이현대미술관(MOCA)과 타이베이필름하우스(台北光點)를 필두로 골목마다 디자인 상점과 맛집, 카페들이 모여 있기에 한마디로 표현하기 힘든 동네인 만큼 골목길을 탐방하는 재미가 가득하다.

건강한 맛의 미니훠궈를 맛볼 수 있는 차관

지커 集客人間茶館

차관이라는 이름에도 불구하고, 식사메뉴가 다양해서 전통차도 마실 수 있는 식당 같은 느낌이다. 중국 강남의 정원을 콘셉트로 디자인되어 있어서, 실내 정원의 작은 연못엔 물고기가 헤엄쳐 다니고, 분수에선 졸졸졸 물 흐르는 소리가 난다. 중국 스타일의 묵직해 보이는 테이블 위에는 설문지 같은 주문서가 놓여 있다. 인기 메뉴인 따뜻한 미니훠궈(小火鍋) 세트에는 채소와 고기 등이 골고루 구성되어 있어 건강식을 먹는 듯하다. 음료는 세트에 포함된 후식 개념으로 볼 수 없을 만큼 1,000cc는 족히 되어 보이는 큰 잔에 담겨 나오니 식전 서비스로 체크하는 것이 좋다. 선심 쓰듯이 양만 많이 주는 게 아니라 맛도 있어서 주위를 둘러보면 테이블마다 높은 잔들이 솟아 올라가 있다.

- MRT 쭝산(中山) 역 2번 출구 신광 미츠코시 백화점 뒤편
- 台北市中山北路一段140巷6-1號
- 일~목요일 11:00~24:00, 금·토요일 11:00~01:00
- 02-2521-1078
- www.mita.tw/tea/

① 음료는 한 손으로 들기 어려울 정도로 크고 무거운 잔에 가득 담아준다. 왼쪽은 펑미뤼차(蜂蜜綠茶), 오른쪽은 쩐주나이차(珍珠奶茶).
② 설문지 같은 메뉴판. 메인 메뉴에 40NT$만 더하면 세트로 주문할 수 있는데 밥과 면, 음료 수 종류와 음료수는 식전·식후 중 언제 원하는지 등을 꼼꼼히 체크해야 한다.

③ 신광 미츠코시 백화점 왼쪽 뒷골목에서 쉽게 발견할 수 있다.
④ 차관이라는 이름에 걸맞은 차분한 분위기는 내부의 인테리어.

15:00

여유롭게 즐기는
오후의 차 한잔

유럽의 애프터눈티를 타이베이에서는 오후차(下午茶)라 부른다. 오후차는 사람들의 일상과 뗄 수 없는 관계이다. 카페마다 오후차 이용시간과 세트메뉴가 따로 준비되어 있다.

푸른 잔디밭 위 무용교습소 카페

티아우 카페 跳舞咖啡廳

도로 양편으로 무성한 가로수길이 펼쳐지는 쭝산베이루(中山北路)에서 한 블록 안쪽으로 들어오면 높은 오피스빌딩들 사이로 난데없이 넓은 잔디마당이 펼쳐진다. 잔디마당 안쪽에는 단층의 오래된 목조 건물이 다소곳이 앉아 있다. 한쪽 입구엔 '티아우 카페(跳舞咖啡廳)', 다른 한쪽 입구엔 '무용연구소(蔡瑞月舞蹈研究社)'라고 적혀 있어 더욱 호기심을 불러일으키는 이곳은 타이완의 유명한 무용수 차이뤠이에(蔡瑞月, 채서월)가 일제강점기 때 일본유학에서 돌아와 일본인문관숙소였던 건물을 활동의 본거지로 삼은 곳이다. 한때 재건축 위기에 처했으나 이곳을 지키려는 사람들의 노력으로 현재는 타이베이시의 고적으로 지정되어 그녀를 계속 기념할 수 있게 되었다. 매년 11월엔 댄스페스티벌이 개최된다.

- MRT 쭝산(中山) 역에서 도보 7분 또는 쐉리엔(捷運) 역에서 도보 15분
- 台北市中山區中山北路二段46巷
- 무용연구소 화~일요일 10:00~17:00, 월요일 휴무
  티아우 카페 10:00~22:00(여름철 ~23:00)
- 02-2523-7547
- rose.dance.org.tw

DAY 2

① 카페 옆 목조 건물에서는 여전히 무용 수업이 진행되고, 잔디 마당에서는 종종 문화 행사가 열린다. 운이 좋으면 저녁 공연을 위해 리허설 중인 무용수들의 춤사위를 살짝 구경할 수도 있다.
② 건물 앞에는 잔디마당이 시원스럽게 펼쳐져 있다.

차관의 현대적인 변신
스미스 앤 슈 smith&hsu

전통 차관을 모던하고 현대적인 디자인으로 구현하려는 목적으로 만들었다고 하니 단순히 카페라고 부르기엔 조금 미안해진다. 현대식 차관이라는 소개가 더 어울리는 이곳은 시대를 아우름과 동시에 동양과 서양의 차 문화를 함께 담고자 가게 이름도 영국을 대표하는 성씨인 smith와 타이완의 hsu(CEO의 성)를 합쳐 smith&hsu라고 지었다. 두꺼운 목제 자동문을 열고 들어가면 가게의 절반은 여러 종류의 찻잎은 물론 주전자와 찻잔 등 다기 세트 등의 진열대가 차지하고 있다. 자리에 앉으면 먼저 찻잎 샘플을 한가득 가져다주기 때문에 직접 향을 맡으면서 차를 고를 수 있다. 종류가 너무 많아 고민되는 사람들을 위해 이름이 적힌 뚜껑에는 인기 순위도 함께 쓰여 있다.

- MRT 쫑산(中山) 역에 3번 출구에서 직진 도보 10분
- 台北市南京東路1段21號
- 10:00~22:30
- 02-2562-5565
- www.smithandhsu.com/tw

① 다기 세트와 찻잎을 구경하러 들어온 손님들을 위해 시음 코너도 준비해 놓았다.
② 찻잎 샘플의 향을 직접 맡으면서 고를 수 있다. 오늘은 인기 순위 2위라는 Fruit Tea 계열의 Fallin' in Love Again을 선택!

③ 가게 한쪽에는 찻잎과 다기 제품 등이 진열되어 있다.
④ 플레이트에는 smith&hsu의 인기 메뉴인 스콘과 수제 잼도 빠지지 않고 들어가 있다.
⑤ 영국궁정 오후차세트(英式宮廷午後組, English Palace Tea Set, 950NT$)에는 2종류의 차(Tea Pot)가 포함된다.
⑥ 2층에 올라가면 한쪽 벽면을 가득 메운 책장이 가게의 분위기를 더욱 차분하게 만든다.

Special
쫑샨 골목 잡화점 산책

도로변의 백화점과 명품 매장, 고급 호텔들로부터 받은 화려하기만 했던 첫인상은 안쪽 골목으로 들어와 조금만 걷다 보면 금방 잊히고 만다. 골목 안에 숨어있는 개성 만점의 잡화점들을 발견하는 재미와 구경하는 재미를 동시에 경험할 수 있으니 말이다.

모구 蘑菇, Mogu

2003년부터 Good Life, Happy Life를 모토로 시작된 디자인그룹 모구. 그들의 작업과정들과 디자인제품 소개를 담은 잡지 '모구수첩(蘑菇手帖)'을 발간하기도 한다. 1층 모구 숍에서는 직접 디자인한 의류, 가방, 수첩 등을 판매하고, 2층 카페의 커다란 유리창을 통해서는 거리 풍경이 고스란히 전해진다.

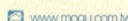 www.mogu.com.tw

타이완하오, 디엔 台灣好,店

1, 2층에는 타이완 각지에서 올라온 각 지방의 특색을 담은 향토색 짙은 수공예품들이 전시, 판매되고 (사진 촬영은 금지), 3층에는 여행자들을 위한 공간이 마련되어 있다. 친절한 미소와 함께 차와 엽서를 주시는데, 엽서를 써서 미니 우체통에 넣으면 한국까지 발송해준다(모두 무료). 책장에는 한국, 일본의 타이완 여행서들이 꽂혀있어 잠시 정보를 얻고 가기에도 좋다.

샤오치 小器

동취에 VVG가 있다면, 쫑산에는 샤오치가 있다. 2012년 처음 츠펑루(赤峰路) 골목에 문을 연 이후 현재까지 지엔청공원(建成公園) 앞에 나란히 있는 생활잡화점 샤오치공원점(小器公園店)과 일본 가정식 식당 샤오치식당(小器食堂)을 시작으로 일본 STUDIO M의 제품을 전시·판매하는 츠펑28(赤峰28), 매실주 등의 과실주를 파는 샤오치메이지우우(小器梅酒屋), 요리 교실인 샤오치생활요리교실(小器生活料理敎室)등이 MRT 쫑산 역과 쌍리엔 역 사이 곳곳에 포진해 있기 때문이다. 샤오치와 샤오치식당은 화산1914원창위엔취에서도 만날 수 있다.

thexiaoqi.com

윈차이쉬엔 雲彩軒

오쿠라 호텔 근처 골목에 캉락공원(康樂公園)을 바라보며 조용히 자리하고 있는 잡화점이다. 주로 중국풍의 디자인 소품들을 판매한다. 타이완 원주민 객가족(客家族)의 화려한 꽃무늬가 프린트된 가방, 컵받침 등과 타이완을 대표하는 샤오츠와 관광지들을 귀엽게 표현한 엽서 등 기념품으로 부담 없이 선물할 수 있는 아기자기한 물건들이 많다. 용캉지에와 디화지에에서도 만나볼 수 있다.

zh-tw.facebook.com/cloudhues

coucou 生活雜貨

수입 잡화를 전문으로 판매하는 상점이라 타이완 제품이 없다는 것이 조금 아쉽긴 하지만, 대신 가게 안에는 아기자기하고 깜찍한 소품들이 한가득 진열되어 있다. 귀여운 포스트잇 등의 문구류에서부터 텀블러, 머그잔 등의 식기류와 과자 등의 식료품 등등 취급하는 물품의 종류도 다양하다. 한국에도 다녀가셨는지 한국 라면과 장난감 등이 곳곳에 진열되어 있어 반갑다.

www.facebook.com/coucou.livingshop/

LOOPY 鹿皮

두 명의 대학 동기가 꾸린 작업실 같은 잡화점이다. 좁은 계단을 통해 2층으로 올라가면 아담한 공간에 작은 스티커, 수첩에서부터 모자, 가방 등 낙서 같은 그림으로 디자인 된 루피만의 키치한 제품들이 전시, 판매되고 있다. 루피 스타일의 이벤트들과 만화 캐릭터 같은 이미지의 주인장은 홈페이지를 통해 확인할 수 있다.

www.loopy.club

18:00

보랏빛 노을이 지는
딴쉐이 산책

홍마오청, 진리대학, 담강중학교, 라오지에 등 볼거리가 많은 딴쉐이(淡水)지만, 무엇보다 강 위로 지는 해를 따라 물들어가는 노을 풍경을 놓칠 수 없다.

딴쉐이를 만끽할 수 있는 아름다운 강변 산책로

환허따오루 環河道路

딴쉐이를 돌아보는 가장 기본 코스는 MRT 딴쉐이 역에서 강변을 따라 걷다가 앙크레 카페(Ancre café) 앞 작은 포구(漁港)가 나오면 안쪽 골목으로 들어와 라오지에 상점 거리를 구경하며 다시 딴쉐이 역으로 돌아오는 루트이다. 강변 산책로를 따라 걷다 보면 어느새 시끌벅적하던 상점들이 사라지고 커다란 나무가 드리워진 길이 시작된다. 해산물로 만든 샤오츠가 많은 딴쉐이인만큼 대왕오징어튀김이나 먹물소세지 등을 먹으며 시원한 나무 그늘 밑에 잠시 앉아 강가 풍경을 구경하거나, 강변에 위치한 스타벅스·미스터브라운 등의 커피전문점에서 커피 한 잔과 함께 편안하게 노을을 감상할 수도 있다. 강과 직각 방향으로 바다를 향해 앉아 있는 카페 천사열애적생활(天使熱愛的生活)의 2층에서는 바다 위로 지는 석양을 영화관에 앉아 감상하듯 볼 수 있다.

MRT 딴쉐이(淡水) 역에서 강변을 따라 도보 15분

① 커다란 나무가 드리워진 강가에 앉아 바다를 향해 천천히 흘러가는 딴쉐이 강을 구경하면 시간 가는 줄 모르게 된다.
② 카페 천사열애적생활 2층에 앉아 바라보는 아름다운 석양 풍경.

강변을 따라 펼쳐지는 아름다운 자전거길

빠리 八里

빠리는 딴쉐이에서 페리를 타고 건너가야 한다. 딴쉐이에서 가장 먼저 발전한 항구였지만, 진흙이 쌓이는 자연조건 때문에 더 이상 개발이 진행되지 않고 있던 곳이기도 하다. 하지만 현재는 강을 따라 15km 길이의 자전거도로(八里左岸自行車道)가 조성되면서 타이베이를 대표하는 풍경 중 한 곳으로 떠오르게 되었다. 맞은편 강변보다 상점이 적어 구경거리가 덜 하지만, 그렇기 때문에 유원지 같은 분위기의 건너편과 달리 좀 더 여유로운 수변공원 같은 분위기이다. 대여점에서 빌린 자전거를 타고, 강바람을 맞으며 자전거도로를 달려보는 것도 빠리를 제대로 즐기는 방법의 하나다. 자전거 대여 시 신분증(여권)을 지참해야 한다.

딴쉐이마터우에서 빠리행 유람선 탑승.

①

②

① 빠리의 강변. 자전거를 타고 달려도 좋고, 천천히 걸으며 산책을 해도 좋다.
② 딴쉐이의 페리선착장. 딴쉐이-빠리(왕복 45NT$), 딴쉐이-위런마터우(왕복 60NT$)로 가는 페리 모두 요요카 사용이 가능하다.

딴쉐이 최고의 선셋포인트
위런마터우 漁人碼頭

샌프란시스코의 피셔맨스워프(Fisherman's Wharf)를 모티브로 만들어진 위런마터우는 딴쉐이 강이 바다와 만나는 지점이라 강변이라기보다는 해안가에 더 가깝다. 300m 길이의 데크 산책로와 크고 작은 배들이 정박해 있는 선착장으로 더욱 이국적인 풍경이 연출된다. 연인이 손을 잡고 건너면 절대 헤어지지 않는다는 전설(반면에 미성년자 커플일 경우엔 바로 헤어진다는 설도 있다.)을 지닌 '정인교(情人橋) 뒤편으로 노을 지는 하늘은 위런마터우를 대표하는 풍경이다. 밤이 되면 하얀 연인의 다리는 형형색색의 조명으로 물든다.

📍 MRT 딴쉐이(淡水) 역 버스정류장에서 紅27 버스를 타고 종점에서 하차
또는 딴쉐이마터우에서 위런마터우행 유람선 탑승.

① 연인의 다리라는 뜻을 지닌 '정인교'는 위런마터우을 대표하는 풍경이다.
② 선착장과 정박해놓은 배들로 더욱 이국적인 풍경이 만들어진다.
③ 딴쉐이 강을 따라 바다까지 뻗어 나갈 듯한 해안 산책로.

3 Days in Taipei 69

20:30

타이베이에선 꼭 먹어야지!
망고 빙수

타이베이의 여름은 살인적인 무더위를 몰고 오지만 그래도 견딜 만 한건 망고의 계절이기도 하기 때문이다. 새콤달콤한 망고 빙수 한 그릇이면 잠시 더위를 잊기에 충분하다.

망고가 나오는 계절에만 영업하는 빙수 가게

삥짠 冰讚

MRT 쭝산(中山) 역과 쑁리엔(雙連) 역은 한 정류장 거리인데도 분위기가 확연히 다르다. 화려한 분위기의 쭝산과는 달리 오래된 낡은 상점들이 모여 있는 쑁리엔 역 근처는 그래서인지 좀 더 정겹다. 맛집으로 소개되는 식당들도 옛 먹거리를 파는 허름한 동네 식당인 경우가 많다. 역 근처의 동네 빙수 가게 삥짠도 그런 곳 중 하나이다. 이 가게의 특이한 점은 신선한 생망고만을 재료로 쓰기 위해 망고가 나오는 계절인 4~10월에만 영업을 하고, 11~3월까지는 아예 가게 문을 닫고 영업을 하지 않는다는 점이다. 커다란 냉면 그릇에 담겨 나온 망고 빙수는 그리 화려한 비주얼은 아니지만, 단순하고 우직한 영업 방침만큼이나 기본에 충실한 맛이다.

📍 MRT 쑁리엔(雙連) 역 2번 출구에서 도보 3분
🏠 台北市大同區雙連街2號
🕐 11:30~23:00, 4~10월 기간 한정 오픈
📞 02-2550-6769
※ 카드불가

① 여름에만 맛볼 수 있는 삥짠의 소박한 망고 빙수(120NT$), 계산은 현금만 가능하다.
② 특히 일본인 관광객들에게 인기가 많다. 내부는 조그만 동네 분식집 느낌.
③ 다양한 종류의 토핑이 준비되어 있다.

Special
타이베이의 빙디엔

타이베이에서 빙수는 카페나 베이커리의 디저트 메뉴 중 하나가 아니다. '빙디엔(氷店)'이라 불리는 전문점으로 운영되며, 빙수의 종류도 매우 다양하다. 특히 여름이면 더위에 지친 하루를 마무리하기 위해 매일같이 들르게 된다.

8%아이스크림

스무시 왼편에 위치한 블랙컬러의 세련된 아이스크림 가게. 보다 건강에 좋은 아이스크림을 만들고자 이탈리아에서 젤라토 기술자와 기계를 들여와 제철 재료만을 사용한 아이스크림을 만들었다. 유지방 함량이 8%인 점과 두 스쿱 올려진 모양에서 8%라는 이름이 지어졌다. 타이베이에서 소프트아이스크림을 먹을 땐 받는 순간부터 무섭게 녹아내리기 시작하니 일단 집중해서 빨리 먹어야 한다.

스무시 思慕昔

용캉지에(永康街)를 대표하는 과일 빙수 전문점. MRT 똥먼(東門) 역에서 에스컬레이터를 타고 올라오면 양편 가득 스무시의 푸짐한 빙수 사진들을 먼저 만나게 된다. 용캉지에에서 줄이 가장 길게 늘어선 가게이기도 하기에 부근에 2호점이 오픈됐다. 동취의 유명한 빙디엔 아이스몬스터(ICE MONSTER)와는 원래 같은 가게였기도 하다.

베이먼 펑리빙 北門鳳梨氷

동취의 인기 빙디엔인 수제 아이스크림 가게이다. 작은 마당이 있는 입구엔 네모난 붉은 색 간판만 걸려있다. 한 가지 맛 또는 두 가지 맛을 선택해서 주문하면, 컵 안에 행여 빈공간이라도 생길까봐 꾹꾹 눌러 담아준다. 망고(芒果), 위토우(芋頭), 파인애플(鳳梨) 등의 메뉴 모두 색깔이나 맛이 자극적이지 않다. 먹은 후 컵 정리는 마당 한편의 개수대에서 셀프로 해야한다.

슈에왕 雪王

'아이스크림의 왕'이라는 이름답게 수제 아이스크림의 종류가 73가지이다. 60년이라는 세월동안 아이스크림으로 만들 수 있는 재료에 대한 실험을 하는 듯 망고, 바닐라 등의 일반적인 메뉴에서부터 옥수수, 가지 같은 채소와 고량주, 죽엽청주 등의 술, 족발에 로우송(肉鬆, 말린 고기)까지 무슨 맛인지 상상도 되지 않아 호기심과 도전을 불러일으키는 종류들이 많다.

롱두빙궈주안이지아 龍都氷果專業家

시간이 멈춘 듯한 롱산쓰(龍山寺, 용산사) 부근의 완화(萬華) 지역에서는 빙디엔조차 빈티지하다. 간판에 '구자오웨이(古早味)'라고 쓰여 있으면 '옛날 맛'이라는 뜻인데, 롱두빙궈주안이지아는 딱 그 표현과 어울리는 곳이다. 우측은 ICE(氷區), 좌측은 HOT(熱區) 구역으로 나누어져 있다. 대표 메뉴인 빠바오빙(八寶氷)은 단팥, 녹두, 타로, 탕위엔(汤圆, 중국식 찹쌀 경단) 등 7가지 토핑을 올려주는데 복고스러운 조합들이 촌스럽긴 하지만, 그래서 더욱 정겨움이 느껴진다. 여름에는 역시 계절 한정 메뉴인 망고 빙수가 인기다.

21:30

즐거운 한밤의 축제
타이베이 야시장

타이베이에서라면 적어도 저녁 이후의 일정에 대해 고민할 필요가 없다. 야시장 골목마다 빽빽하게 들어선 노점들과 인파로 타이베이는 날이 저물면 다시금 활기를 띠기 시작한다.

① 밤이 되면 작은 샤오츠 노점들이 빼곡히 들어차는 닝시아 야시장.
② 저녁 식사를 하러 나온 타이베이사람들과 관광객들로 늦은 밤까지 야시장 골목은 활기를 띤다.

형형색색 다양한 샤오츠의 천국

닝시아 야시장 寧夏夜市

타이베이 곳곳마다 크고 작은 야시장들이 많지만, 야시장을 가는 목적이 오로지 샤오츠라면 목적지는 단연 닝시아 야시장이다. 규모는 그리 크진 않지만, 밤이 되면 150m 정도의 직선거리의 골목 안은 온통 샤오츠 노점들로만 빼곡히 들어차기에 "타이베이인의 위(胃)"라고 불리기도 한다. 일제강점기 때부터 형성된 곳인 데다 노점의 절반 이상이 오래된 역사를 지닌 곳들이 많아 타이완의 전통적인 샤오츠들이 주메뉴를 이루고 있기에 더욱 로컬 분위기가 물씬 풍긴다. 지금은 여러 체인점을 두고 있는 후쉬장(鬍鬚張)도 70년대 닝시아 야시장 한쪽에서 타이완식 돼지고기덮밥인 루로우판(滷肉飯)을 팔던 작은 노점이었다. 양쪽이 작은 노점들로 가득 찬 통로는 너무 좁아 자연스레 우측 보행하게 된다. 한쪽 노점 뒤편으로는 간이 테이블이 놓여 있어 가족 단위, 친구 단위로 함께 주문한 음식을 나눠 먹는 사람들의 즐거운 대화와 웃음소리로 밤이 깊어갈수록 야시장 골목 안은 흥겨움이 더해진다.

MRT 쯍샨(中山) 역 또는 솽리엔(雙連) 역에서 도보 10분
台北市大同區寧夏路
16:00~02:00

다양하고 가격도 저렴한 닝시아 야시장의 샤오츠.

쫄깃한 오징어 어묵탕인 요우위겅(魷魚羹, 60NT$).

가느다란 쌀국수 볶음요리 차오미펀(炒米粉, 30NT$).

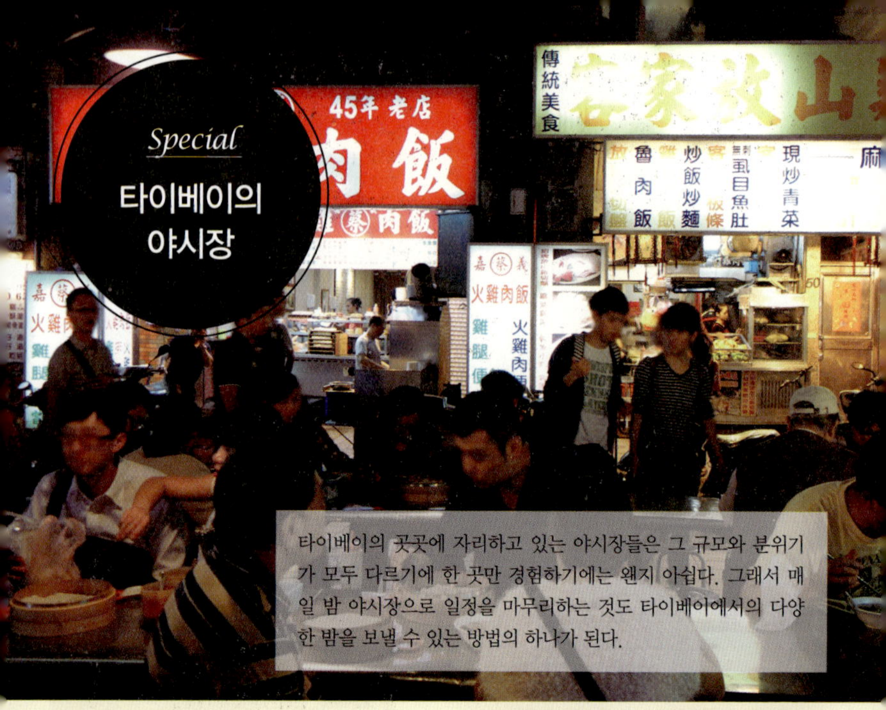

Special
타이베이의 야시장

타이베이의 곳곳에 자리하고 있는 야시장들은 그 규모와 분위기가 모두 다르기에 한 곳만 경험하기에는 왠지 아쉽다. 그래서 매일 밤 야시장으로 일정을 마무리하는 것도 타이베이에서의 다양한 밤을 보낼 수 있는 방법의 하나가 된다.

가장 큰 야시장
스린 야시장 士林夜市

타이베이의 야시장 중 규모가 가장 큰 야시장이다. MRT 지엔탄(劍潭) 역에 내리면 우선 길을 건너 지허루(基河路) 상에 재정비된 스린 시장 지하 푸드코트에서 배를 채운 뒤 여유롭게 한 바퀴 시장 구경에 나선다. 대왕닭튀김 지파이와 다양한 종류의 빙수, 철판볶음과 굴전 등이 대표 먹거리이다. 규모가 큰 만큼 옷, 화장품, 가방, 장난감 등 다양한 가게들과 발마사지, 펑리수 가게 등 여러 상점이 골목마다 가득해서 한 바퀴 둘러보고 나오는 데만도 꽤 시간이 필요하다.

- MRT 지엔탄(劍潭) 역
- 16:00~02:00(가게에 따라 다름)

학교 앞 야시장
사대 야시장 師大夜市

야시장이긴 하지만 국립사범대라는 대학교 앞 상권이기 때문에 점심 전부터 가게들은 개점 준비를 시작한다. 특히 사대 야시장은 최근 들어 식당들과 샤오츠 노점들이 공관으로 이전하면서 옷가게가 더욱 늘어나 우리나라 이대 앞 같은 분위기가 나긴 하지만, 아직도 옌수지(鹽酥雞), 성지엔빠오(生煎包), 국민간식 루웨이(滷味) 등 학생들이 좋아하는 샤오츠 가게들은 여전하다. 주말이면 사대로(師大路)에서는 길거리 공연이 열려 대학가만의 젊고 활기찬 분위기가 물씬 풍긴다.

📍 MRT 타이띠엔따로우(台電大樓) 역
🕐 12:00~24:00(가게에 따라 다름)

강변 야시장
라오허지에 야시장 饒河街夜市

타이베이의 야시장 중 가장 오래된 야시장이다. 화려한 입구부터가 인기 관광 야시장의 풍모를 자랑한다. 다른 야시장과 차별화되는 아이템은 딱히 없지만, 그래도 이곳을 찾는 이유가 있다면 바로 옆에 강변공원이 있기 때문이다. 야시장 중간 즈음에 무지개다리(彩虹橋)를 가리키는 표지판을 따라가면 시원하게 탁 트인 강변공원이 나온다. 무지개다리의 야경과 함께 시원한 강바람을 맞으며 즐기는 샤오츠는 왠지 더 맛있게 느껴진다.

📍 MRT 쏭산(松山) 역 1번 출구
🕐 16:00~02:00(가게에 따라 다름)

Special
타이베이의 샤오츠

타이베이로의 여행을 계획하는 순간, 다이어트는 잠시 접어두어야 한다. 샤오츠(小吃)는 작다는 뜻의 샤오(小), 먹는다는 뜻의 츠(吃)라는 한자로 이름 지어진 것처럼 우리말로 하면 분식 정도로 해석할 수 있다. 타이베이에는 다양하고 맛있는 샤오츠가 많기에 미처 먹어보지 못한 샤오츠들이 아쉬워서라도 다음번 여행을 기약하게 된다.

후쟈오빙 胡椒餠

일명 후추빵. 화덕 벽에 반죽을 붙여 구워낸 바삭한 빵 안에는 후추로 양념 된 다진 고기가 들어있다. 꽤 두툼하게 들어있는 고기소는 갓 구워내어 무척 뜨겁고, 육즙이 풍부해서 처음 한 입 베어 물땐 입천장을 데지 않도록 조심해야 한다.

지파이 雞排

타이베이에서는 프라이드치킨을 전문으로 하는 테이크아웃 가게가 많아서 거리를 걸으며 커다란 닭튀김을 손에 들고 가는 모습이 익숙하다. 바삭하고 짭조름한 지파이는 늘 시원한 캔맥주를 떠올리게 한다.

루웨이 滷味

산더미처럼 쌓여 있는 갖가지 재료 옆에 작은 바구니가 있는 가게를 봤다면 루웨이를 먹을 기회이니 우선 바구니를 집어야 한다. 먹고 싶은 재료를 담아 계산하고 나면 한입 크기로 자른 후 끓고 있는 루웨이탕에 잠시 집어넣어 살짝 익혀준다. 바구니에 담을 땐, 잘게 썰어 탕 안에 들어간 재료의 양이 두 배로 불어 나온다는 걸 잊지 않아야 한다.

옌쑤지 鹽酥雞

고른 재료들을 살짝 데치는 게 루웨이라면, 옌쑤지는 튀겨먹는 메뉴이다. 역시 바구니에 재료를 담아 계산을 하고 나면 기름에 튀긴 후 다진 마늘, 매운 양념 등을 뿌려 준다. 여러 재료를 그냥 튀겼을 뿐인데 짭조름하면서도 알싸한 맛에 자꾸만 손이 간다.

따창빠오샤오창 大腸包小腸

누가 소시지 안에 소시지를 넣을 생각을 했을까. 굵고 큰 하얀 찹쌀 소시지 안에 가늘고 짭짤한 소시지(香腸, 샹창)와 다진 채소 양념을 넣어 소시지만으로 핫도그를 만들었으니 말이다. 그 발상이 귀엽기까지 하다. 소시지를 두 개 겹쳐놓으니 한 손에 가득 잡힐 정도로 두께도 두툼한 만큼 든든한 간식거리이다.

총삥 蔥餅

이름에 '파'라는 뜻의 '총'이 들어갔으니 엄청 맵지 않을까 싶지만, 정말 파를 넣었나 싶을 정도로 고소한 맛이 난다. 두꺼운 호떡처럼 생겨 그 안에 파를 큼직큼직하게 썰어 넣은 이란(宜蘭) 총삥, 거의 튀겨 내듯이 기름을 많이 부어 만드는 총요우삥(蔥油餅), 페이스트리처럼 겹겹이 부쳐진 총좌삥(蔥抓餅) 등 다양한 종류가 있다.

미엔시엔 麵線

얇고 짧은 면발과 전분을 넣어 걸쭉해진 국물 때문에 숟가락으로 떠먹어야하는 재미난 국수. 곱창을 넣은 따창미엔시엔(大腸麵線), 굴을 넣은 오아미엔시엔(蚵仔麵線) 등이 있다. 따끈하고 짭조름한 맛 때문에 비가 내리는 날엔 더욱 생각난다.

셩지엔빠오 生煎包

중화권 여행에선 역시 만두가 빠질 수 없다. 찐만두처럼 생긴 셩지엔빠오는 밑면은 바삭하게 구워지기 때문에 더욱 고소하다. 양배추(高麗菜) 만두, 부추(韭菜) 만두, 돼지고기(肉包) 만두 등이 일반적인 메뉴. 한입 크기부터 주먹만 한 셩지엔빠오까지 그 크기와 맛도 다양하다.

수저세트
디화지에 인화러(印花樂)에서 구입한 나무 수저세트.
싸개를 펼치면 샤오츠가 귀엽게 그려진 테이블매트가 된다.

생강차
딴쉐이에 갈 때마다 꼭 구입하는 생강차.
생강 맛이 진하면서도 흑설탕을 넣어 달콤하다.

수첩
타이완 섬이 귀엽게 디자인 된
빈티지한 수첩도 선물용으로 좋다.

Special
오늘의 수확물 II

트럼프카드
뒷면이 모두 타이완을 대표하는 샤오츠 사진들이라
게임에 집중하기 어려울 듯한 디자인의 트럼프 카드.

마스킹테이프
타이완 국기와 타이베이 101, 중정기념당 등
대표 건축물들이 귀엽게 디자인 된 마스킹테이프.

엽서
타이베이와 타이완을 컨셉트로 한
귀여운 디자인의 엽서와 스티커는
여행을 추억하게 해주는 기념품이자 주변에
타이베이를 소개하는 데도 안성맞춤!

에코백
프린트까지 수작업으로 만들었다는 에코백.
MRT 쑹산 역에 있는 잡화 브랜드 '0416x1024'에서 구입.

DAY 3

유유자적 타이베이 : 더욱 느긋하게 즐기기

조금은 익숙해진 타이베이의 골목길을
마치 현지인처럼 한결 느긋한 걸음걸이로 즐겨보기.

유기농 식단의 갤러리 카페
소넨토르 日光大道富錦廚坊, SONNENTOR

웬만한 곳은 MRT 역이 닿아 있는 타이베이이건만, 푸진지에(富錦街)만은 예외다. 그만큼 아직까지는 조용한 주택가 골목 분위기를 유지하고 있는 곳이지만, 카페와 가구점, 생활소품점이 하나둘씩 늘면서(영화 '타이베이 카페 스토리'의 두얼카페도 이곳에 있다.) 더욱 산책하기 좋은 동네가 되었다. '태양의 창문'이라는 뜻의 소넨토르는 오스트리아의 유기농 식품회사인 'SONNENTOR'에서 운영하는 곳으로 건강한 식단과 슬로푸드를 지향하는 식당이다. 다른 지점들은 베이커리로 운영되고 있을 정도로 빵이 맛있기로도 유명하다. 푸진점은 입구에 놓인 조각상부터가 심상치 않더니, 내부로 들어서면 벽에 걸린 그림들과 테이블 위의 조각상들로 갤러리에 들어온 듯하다. 또 비주얼만으로도 훌륭한 브런치는 푸짐하기까지 하다. 식사에 집중하라고 무선인터넷도 제공하지 않는다.

- MRT 쫑산궈쭝(中山國中) 역에서 도보 20분
- 台北市富錦街421號
- 월~금요일 11:30~22:00(조찬 08:00~10:30),
  토·일요일 08:00~22:00
- 02-2767-6211
  ※ 최저주문액 120NT$

① 가게 한쪽에서는 다양한 생활잡화나 식품도 판매하고 있다.
② 푸짐한 브런치 메뉴(樂活早餐, 280NT$), 유기농 차(커피와 홍차 중 선택)도 포함된다.
③ 또 다른 브런치 메뉴(200NT$), 소넨토르는 직접 만든 빵이 맛있기로도 유명하다.
④ 조각상과 벽에 걸린 그림들, 낮은 조명으로 갤러리 같은 분위기의 실내.

11:00

타이완을 대표하는
국민 디저트 맛보기

타이완 여행의 인기 기념품인 펑리수(鳳梨酥)는
타이완사람들도 선물로 즐겨찾는 아이템이다.
달콤하고 부드러운 펑리수는 남녀노소
모두의 입맛을 사로잡기에 충분하다.

펑리수에 대한 무한 자신감

써니힐 微熱山丘, SunnyHills

파인애플 케이크로 불리는 펑리수는 예나 지금이나 타이베이 여행의 대표 기념품이다. '펑리'는 파인애플, '수'는 바삭한 과자를 뜻하는데, 부드러운 빵 안에 든 달콤한 파인애플 잼은 남녀노소 모두 거부할 수 없는 맛이다. 그만큼 펑리수 브랜드와 가게도 매우 다양하다. 그중 타이완 남부의 유명한 펑리수 가게인 써니힐의 유일한 타이베이 지점이 푸진지에에 있다. 가게 입구로 다가가면 아무것도 묻지 않고 우선 안쪽으로 안내한다. 분위기 좋은 카페처럼 꾸며진 안쪽의 커다란 테이블에 앉으면 또 아무 말 없이 펑리수 한 개와 차를 가져다준다. 가게 안에는 진열된 상품도 없고, 점원 누구도 상품에 대한 설명이나 구매를 권유하지 않는다. '한 번 맛보면 사지 않을 수 없을걸?'이라는 듯한 그 놀라운 자신감에 왠지 신뢰가 간다. 그냥 나간다 해도 뭐라 하는 사람은 없지만, 한 입 먹은 펑리수의 맛에 반하여 계산대를 지나치지 못하고 결국 구매하게 되어버린다.

- MRT 난징푸싱(南京復興) 역 또는 쭝산궈쭝(中山國中) 역에서 도보 20분
- 台北市民生東路五段36巷4弄1號
- 10:00~20:00
- 02-2760-0508
- www.sunnyhills.com.tw

① 커다란 나무가 심어진 푸른 잔디와 어울리는 매장 입구.
② 곳곳에 앉아 쉴 수 있는 공간이 있어 카페 같은 써니힐 매장.
③ 친절한 미소와 함께 안내받은 테이블에 앉으면 바로 시식용 펑리수와 따뜻한 차 한잔을 가져다준다.

3 Days in Taipei

12:00

수산시장에서 즐기는
싱싱한 해산물 요리

멋진 레스토랑으로 변신한 수산물 시장에서
바로 만들어 먹는 싱싱한 해산물 요리는
타이베이 여행을 추억하게 해주는
또 하나의 즐거움을 선사해준다.

어시장이라기보다는 시푸드 고메스트리트
상인수산 上引水產

수산시장의 활성화를 위해 삼정그룹(三井餐飲事業)에서 타이베이 어시장을 현대적인 감각의 모던한 인테리어로 리모델링한 후 멋진 시푸드 고메스트리트가 완성됐다. 커다란 수조에 담긴 살아 있는 싱싱한 해산물을 바로 구매할 수 있는 수산코너 외에 야외 바비큐 존, 훠궈 식당, 프레시 푸드마켓, 시푸드 바 등 총 10개의 구역으로 구성되어 있다. 구역마다 워낙에 다양한 먹을거리와 제품들이 진열되어 있어서 구경만 해도 충분히 즐겁다. 마켓 안에 있는 초밥 코너는 서서 먹어야 하지만, 늘 인기가 많아 우선 입구에 있는 번호표를 뽑고 기다려야 한다. 진열된 샐러드, 초밥 등의 포장제품이나 조리 코너에서 만들고 있는 음식을 담아 계산한 후, 매장 밖에 마련되어 있는 테이블에서 먹으면(여기도 입식) 더욱 저렴한 가격에 다양한 종류의 시푸드 음식을 맛볼 수 있다.

- MRT 싱티엔궁(行天宮)역 또는 쭝산궈쭝(中山國中)역에서 도보 15분
- 台北市民族東路410巷2弄18號
- 06:00~24:00(코너마다 영업시간이 다름)
- 02-2508-1268
- www.addiction.com.tw
- ※카드불가. 훠궈 식당만 예약가능.

야외의 바비큐 존.

신선한 해산물들이 가득한 수산코너

① 마켓 안에 있는 스탠딩 초밥 코너의 세트 메뉴(立舟套餐, 580NT$). 생선국(湯)은 맑은 일본식 된장국 같이 생겼지만, 비리다고 느낄 정도로 맛이 진하므로 주의요망!
② 먹고 싶은 스시를 낱개로 주문해도 되지만, 잘 모를 땐 이렇게 모둠으로 나오는 메뉴(上引握壽司, 460NT$)가 편하다.

14:00

지성과 젊음이 가득한
대학가 산책

타이완 최고 대학인 국립타이완대 주변으로 형성된 공관(公館)상권의 활력 넘치는 분위기는 공관 야시장에서부터 근처의 국립사범대와 사대 야시장까지 이어진다.

야자수 나무 풍경이 펼쳐지는
국립타이완대학교 國立臺灣大學

타이완 최고의 대학답게 드넓은 캠퍼스를 자랑하는 국립타이완대학교. 정문에서부터 중앙도서관까지 시원하게 뻗어 있는 야자수 나무 길은 타이완대를 대표하는 풍경이다. 타이베이 어디서나 흔하게 볼 수 있는 스쿠터가 교내에서는 금지되어 있기 때문에 쉬는 시간만 되면 다음 수업 장로로 이동하는 수많은 자전거로 교정이 뒤덮이는 모습 또한 이곳에서만 볼 수 있는 풍경이기도 하다. 옛 양식의 고풍스러운 건물이 많아 웨딩 촬영하는 커플들도 많이 볼 수 있다. 울창한 나무로 뒤덮여 산책하기 좋은 길과 앉아 쉬어갈 수 있는 데크가 놓여있는 연못 등이 있어 주말이면 훌륭한 나들이 장소가 되어준다. 단, 학교가 너무 넓어서 길을 잃을 수 있으니 주의해야 한다.

- MRT 공관(公館) 역 3번 출구에서 직진 후 오른쪽으로 돌면 정문이 보인다.
- 台北市羅斯福路四段一號
- 02-3366-3366
- www.ntu.edu.tw

① 넓은 교정에는 커다란 나무가 우거져 있는 연못가와 산책하기 좋은 장소들이 많다.
② 옛날 양식의 건물들이 남아있어 고풍스러운 분위기의 타이완대학교.

①

②

활기찬 대학가의 맛집 골목
공관 야시장 公館夜市

이름은 야시장이지만, 바로 길 건너 타이완대의 학생들 덕에 점심부터 골목은 북적거린다. 딩조우루(汀洲路)를 따라 2km 정도 직선거리의 공관 야시장은 상상하는 야시장의 분위기라기보다는 신촌, 건대 앞 같은 대학가 분위기에 더 가깝다. 최근엔 사대 야시장의 식당과 노점들이 이곳으로 옮겨오면서 먹을거리가 더욱 풍성해졌다. 유학생이 많은 타이완대 앞이라서 다양한 이국요리식당이 많은 것도 공관 야시장의 특징 중 하나. 저녁 무렵이 되면 수원시장(水源市場) 건물 옆 골목으로 샤오츠 노점상들이 모여들기 시작한다. 부근에 자래수박물관(自來水博物館), 공관수변공원(公館水岸廣場), 보장암국제예술촌 등 가볼만한 곳들이 있어 공관에서만도 반나절 코스가 충분히 완성된다.

🚇 MRT 공관(公館) 역 1번, 4번 출구에서 한 블록 안쪽
📍 台北市中正區汀洲路三段

노점보다는 다양한 종류의 상점들이 모여 있는 분위기의 공관 야시장.

Special
공관 야시장의 대표 샤오츠 가게

야시장이면서 동시에 타이완에서 가장 넓은 캠퍼스를 자랑하는 대학교 앞이기에 공관 야시장 일대에는 학생들의 입맛을 사로잡은 다양한 샤오츠들과 식당, 카페 등이 가득하다.

쩐주나이차 맛집 천싼딩 陳三鼎

타이베이는 거리를 걷다보면 어디서나 쉽게 음료수 가게를 볼 수 있을 만큼 유독 음료수 가게가 많다. 때문에 각 가게마다 독자적인 레시피로 만드는 다양한 맛의 쩐주나이차를 만날 수 있다. 그중에서도 특별히 천싼딩의 쩐주나이차를 먹기 위해 공관 야시장까지 가는 이유는 흑설탕에 장시간 졸인 타피오카에서 느껴지는 달달함 때문이다. 느끼하거나 부담스러울 정도가 아닌 딱 적당한 만큼의 당도에, 쫄깃하면서도 부드러운 타피오카는 어떻게 만들었는지 신기할 정도다. 항상 가게 앞에는 줄이 몇 겹으로 겹쳐 서있기 때문에 골목에 들어서면 바로 발견할 수 있다.

- MRT 공관(公館) 역 4번 출구에서 도보 5분
- 台北市羅斯福路三段316巷8弄2号
- 11:00~22:00, 월요일 휴무

① 천싼딩의 쩐주나이차는 '青蛙撞奶'라고 쓰여 있다. 주문할 때 메뉴 아래 붙어있는 '초인기(超人氣)'라는 표시를 가리키면 된다.
② 흑설탕을 넣어 계속 졸이고 있는 타피오카가 맛의 비결.

거빠오 맛집 람지아거빠오 蓝家割包

천산궁과 바로 마주하고 있는 람지아거빠오. 타이베이에서 손꼽히는 거빠오(割包) 가게이기도 하다. 거(割)는 '칼로 가르다', 빠오(包)는 '싸다'라는 뜻의 이름을 지닌 타이완식 햄버거이다. 하얗고 동그란 찐빵처럼 생긴 빵을 반으로 갈라 그 안에 고기와 양념 된 채소 등을 넣어준다. 동전 지갑같이 생겼기 때문에, 돈을 많이 벌라는 의미로 회사 송년회 때면 함께 먹기도 한다. 따끈하고 짭조름한 곱창국수 따창미엔시엔(大腸麵線)과 함께 먹어도 잘 어울린다.

- MRT 공관(公館) 역 4번 출구에서 도보 5분
- 台北市羅斯福路三段316巷8弄3号
- 11:00~24:00, 월요일 휴무

③ 가게 입구에서 주문과 동시에 거빠오를 만들어 준다.
④ 부드러운 흰 빵 안에 짭조름한 고기와 채소, 달콤한 땅콩가루 등을 넣은 거빠오(50NT$), 따창미엔시엔(40NT$)과도 잘 어울린다.

빙수 맛집 타이이니우나이따왕 台一牛奶大王

타이완대 앞의 대표 빙숫집. 원래 이곳의 대표 메뉴는 중국식 경단인 탕위엔(湯圓)이다. 다른 가게들의 탕위엔과는 달리 한입에 먹기 어려울 정도로 크고, 찹쌀떡처럼 부드러우면서 쫄깃한 맛이 인기 비결이다. 보통 빙디엔이 여름 메뉴인 빙수와 겨울 메뉴인 따뜻한 탕위엔을 함께 파는 곳이 많은 것처럼 이곳도 여름엔 빙수를 먹기 위한 줄이 늘어선다. 화려하지 않고 심플하고 소박한 빙수지만, 40년째 인기를 이어가고 있다.

타이완대 정문 건너편 칭핀슈니엔(誠品書店) 우측 방향으로 도보 5분
台北市新生南路三段82號
11:00~24:00

⑤ 30여 종의 다양한 빙수 메뉴를 저렴한 가격(60~80NT$)에 맛볼 수 있는 타이이니우나이따왕.
⑥ 특히 여름이라면 지나칠 수 없는 망궈니우나이삥(芒果牛奶冰, 80NT$).

화덕피자 맛집 So Free Pizza 柴窯披薩 & 起司

타이완대에서 사대 방향으로 이어지는 골목길 안쪽에 위치한 화덕피자가게. 늘 가게 밖에 기다리고 있는 사람들이 많은 건 바로 구워주는 담백한 화덕피자 맛 때문이기도 하지만, 가게 안의 대부분을 화덕이 차지하고 있어 정작 손님들이 앉을 공간은 없기 때문이다. 피자 만드는 점원과 마주보고 먹어야 하기에 조금 민망하긴 하지만 주문한 피자가 만들어지는 과정을 전부 지켜볼 수 있어 기다리는 시간이 전혀 지루하지 않다.

타이이니우나이따왕 옆 패밀리마트 골목 안쪽으로 도보 3분
台北市新生南路三段86巷19號
11:30~21:00

⑦ 1인 1판이 가능한 아담한 사이즈의 피자(135NT$).
⑧ 자리를 이전한 So Free Pizza. 여전히 가게 안은 화덕이 차지하고 있다.

타이베이 사람들의 일상을 엿볼 수 있는 로컬가게들

타이베이에서만 볼 수 있는 가게이면서 동시에 어느 동네에 가든 꼭 있는 가게들이 있다.
그만큼 타이베이 사람들의 일상과 밀접한 관계가 있는 진짜 로컬가게들을 알아보자.

아침 식당 : 자오찬 早餐

타이베이는 외식이 일상화되어서 아침부터 밖에서 사 먹는 경우가 많다. 그래서 동네마다 새벽부터 점심까지만 문을 여는 자오찬 식당을 볼 수 있다. 평일에는 샌드위치나 햄버거를 포장해가고, 주말이면 가게 테이블에 앉아 느긋하게 브런치를 즐긴다. 자오찬 식당의 햄버거는 웬만한 패스트푸드점의 햄버거보다 푸짐하다.

뷔페식 백반집 : 쯔주찬 自助餐

츠다오빠오(吃到飽, '배부를 때까지 먹는다'는 뜻)라고 적혀있는 뷔페식당과는 달리 쯔주찬(自助餐, '스스로 식사를 돕는다'는 뜻)은 반찬이 뷔페식으로 준비되어 있는 타이완식 백반집이라 할 수 있다. 입구에 쌓여있는 용기를 들고, 먹고 싶은 만큼 담아 계산대의 저울 위에 올려놓으면 무게에 따라 계산된다. 공깃밥은 계산할 때 따로 주문한다. 반찬 종류가 꽤 다양해서 특별히 당기는 메뉴가 없어 무얼 먹을까 고민될 때 쯔주찬 식당의 간판이 보이면 무척이나 반갑다.

복권가게 : 과과러 刮刮樂

길을 걷다 보면 간판과 벽면이 온통 노란색이라 궁금해지는 가게가 있는데, 과과러라고 하는 복권가게다. 과(刮)는 긁는다는 뜻으로 가게의 진열장을 가득 채운 다양한 복권들은 모두 긁어서 바로 당첨을 확인하는 종류들이다. 100NT$부터 있어서 학생들도 친구들과 함께 부담 없이 즐길 수 있다. 당첨되면 바로 현금으로 바꾸거나, 같은 금액 상당의 복권으로 교환해서 재도전할 수 있다.

미장원 : 샴푸 洗髮

타이베이의 미장원 가격표에는 샴푸(洗髮) 가격부터 적혀있다. 단지 머리만 감으러 가기도 하기 때문이다. 의자에 앉은 채로 머리 위에 샴푸 액을 바르고 거품을 잔뜩 내도 신기하게 거품이 어깨로 흘러내리지 않는다. 이어지는 두피와 어깨 마사지가 머리를 감으러 오는 진짜 이유다. 꽤 진지하고 꼼꼼하게 이어지는 마사지 덕에 피로를 풀기 위해서라도 미장원을 찾게 된다.

언덕 위에 숨어있는
예술촌 걸어보기

그저 평범해 보이는 낡은 가옥들 사이로 전 세계에서 모여든 아티스트들의 작업실과 전시장이 함께하는 이곳에선 낡은 담벼락의 낙서 하나도 예술작품이 된다.

예술가와 주민이 함께 거주하는 예술인마을
보장암국제예술촌 寶藏巖國際藝術村

달동네 같은 난민촌을 여러 분야의 전문가들과 주민들이 합심하여 국제적인 예술촌으로 변신시켰다. 2006년에는 뉴욕타임스에서 '101 빌딩과 함께 타이베이를 대표하는 장소'로 선정되기도 했다. 현재는 전 세계에서 모여든 다양한 분야의 예술가들이 주민들과 함께 거주하며 작품 활동을 하고 있다. 좁은 계단을 통해 미로처럼 얽혀있는 골목마다 작업 스튜디오와 전시 공간들이 숨어있어 우연히 재미난 예술 공간을 발견하게 되는 묘미가 있다. '다락방'이라는 뜻의 ATTIC 호스텔(閣樓)에 숙박하면서 잠시나마 예술촌의 일상을 경험해 볼 수도 있다. 강변 방향으로 내려가면 푸른 잔디밭 뒤편으로 가옥들이 겹겹이 쌓여 있는 독특한 풍경이 펼쳐진다. 예전에 마을이 침수되었을 때 물에 잠겼던 집들을 잘라 내어 지금처럼 단면이 노출된 절벽 같은 형태가 되었다는데, 지난 세월의 흔적들이 켜켜이 쌓여있는 듯하다.

- MRT 꽁관(公館) 역 1번 출구에서 도보 15분
- 台北市汀州路三段230巷14弄2號
- 11:00~22:00, 월요일 휴무
- 02-2364-5313
- www.artistvillage.org

94

① 잔디밭 뒤로 층층이 쌓여있는 마을의 모습은 예술촌만의 독특한 풍경이다.
② '서(徐)씨 주택'. 이런 작은 표식은 문패와도 같아서 주민이 거주하는 집이므로 출입이 금지된다.
③ 예술촌 단지 안에 자리하고 있는 ATTIC 호스텔.
④ 미로 같은 골목 계단길을 오르내리다가 나타난 작은 카페에서 잠시 쉬었다 갈 수도 있다.

3 Days in Taipei

16:00

고즈넉한 주택가
골목길 어슬렁거리기

북적거리는 용캉지에와 사대 야시장 사이에 위치한 조용한 주택가 골목인 칭티엔지에(青田街)는 아직 곳곳에 옛 목조 주택들이 남아 있어 더욱 고즈넉한 느낌이 난다.

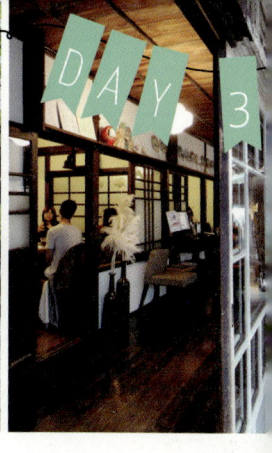

마음마저 차분해지는 고택 카페

칭티엔치리우 青田七六

주소를 그대로 이름으로 쓰고 있는 칭티엔치리우는 1931년 일본인 교수들의 장기 숙소로 지어진 건물이다. 일본식 목조 주택이지만, 당시 타이완의 풍토와 기후를 고려하여 창과 블라인드 등은 서양식 건축 방식의 장점을 살려 설계되었다. 해방 후 타이완대 지질학과 교수가 거주하다가 현재는 고적으로 지정되어 타이완대 학교 법인에 소속되어 있다. 건물탐방(青田七六古蹟導覽)과 주변의 칭티엔지에 골목을 돌아보는 라오타이베이 골목 산책(街區慢步與講座) 등의 프로그램을 홈페이지에서 무료로 신청할 수 있다. 고택은 전시 공간인 동시에 카페로도 이용되어, 옛 모습 그대로 보존된 응접실, 서재, 식당 등에 손님들이 앉아 차를 마시거나 식사를 하고 있다. 뒷마당에 있는 유리 지붕으로 덮인 아담한 야외테라스 좌석은 날씨 맑은 날 친구와 만나 수다 떨고 싶어지는 곳이다.

- MRT 똥먼(東門) 역 5번 출구에서 도보 15분
- 台北市青田街7巷6號
- 점심 11:30~14:00, 저녁 17:30~21:00, 매월 첫 번째 월요일 휴무
  오후차 이용시간 14:30~17:00
- 02-2391-6676
- qingtian76.tw
  ※ 최저소비액 150NT$

① 고적으로 지정된 고택은 옛 모습 그대로 카페로 이용되고 있다.
② 뒷마당엔 주방과 유리 지붕으로 덮인 야외테라스 좌석이 있다.
③ 아포가토 가격이 최저소비액(150NT$)보다 낮아 아이스크림 한 스쿱을 더 주문했다.
④ 단층의 옛 일본식 목조 주택을 그대로 보존하여 활용하고 있는 칭티엔치리우.

18:30 ①

미식 골목에서의
정성스런 한끼 식사

조용한 주택가 골목에 하나 둘씩 맛집들이
모이면서 이제는 타이베이를 대표하는
미식 골목이 된 용캉지에.
작은 총빙 노점부터 딘타이펑 본점까지
다양한 먹거리가 가득하다.

3대를 이어온 만두 맛집
동문교자관 東門餃子館

용캉지에 근처의 작은 노점에서 시작한 동문교자관. 이 지역에 터를 잡은 후 50년이 넘는 세월 동안 세대를 이어가며 정성스레 만두를 빚어오고 있다. 세월이 흐르는 동안 메뉴의 종류도 조금씩 늘어나면서 현재는 군만두, 물만두, 샤오룽바오 등 여러 종류의 만두 외에도 면 요리, 볶음요리들과 총빙 등의 샤오츠까지 메뉴의 가짓수도 다양해졌다. 주문하면 기다리고 있었다는 듯이 금방 음식이 나온다. 혼자가 아니라면 높다란 굴뚝같은 통이 박혀있는 독특한 모양의 냄비에 담겨 나오는 쏸차이바이로우궈(酸菜白肉鍋)를 주문해볼 기회다. 베이스를 이루는 시큼하게 절인 양배추가 계속 입맛을 돋워준다. 다양한 해산물과 고기완자, 우삼겹 등이 보기보다 푸짐하게 들어있어 먹고 나면 마음마저 든든해진다.

- MRT 똥먼(東門) 역 4번 출구에서 도보 5분
- 台北市金山南路2段31巷37號
- 월~금요일 11:00~14:30, 17:00~21:00,
  토 · 일요일 11:00~15:00, 17:00~21:30
- 02-2341-1685
- www.dongmen.com.tw

입구 근처의 샤오차이(小菜, 반찬)
진열장. 원하는 종류의 샤오차이
(40~60NT$)를 직접 가져다 먹으
면 된다.

① 중국식 정원 분위기가 물씬 풍기는 동문교자관의 입구.
② 신기하게 생긴 전골냄비에 담아 나오는 쏸차이바이로우궈(酸菜白肉鍋, 650NT$/小)
③ 물만두, 찐만두, 총삥, 쏸라탕 등으로 두 사람이 충분히 먹을 만큼 주문해도 210NT$ 정도로 가격도 저렴하다.

20:00

여행의 추억을 떠올리게 해줄
기념품 쇼핑

융캉지에에는 맛집 외에도 다양한 잡화점과 상점들이 자리하고 있어 구경하는 재미가 더하다. 맛있는 한 끼로 배를 채운 뒤 한결 더 여유로운 발걸음으로 골목 구경에 나서본다.

귀여운 타이베이 기념품들이 한가득
청지아지아쥐 成家家居

📍 MRT 동먼(東門) 역 4번 출구에서 도보 5분
🏠 台北市麗水街28號
🕐 10:30~21:30
📞 02-2397-5689

온통 무채색 계열의 도시는 차갑고 무뚝뚝한 첫인상을 안겨주지만, 조금만 관심을 가지고 돌아보면 타이베이가 얼마나 디자인에 관심이 많은 도시인지를 알게 된다. 특히 잡화점에서 만나는 아기자기하고 귀여운 디자인 제품들과 이벤트들은 여행에 소소한 재미를 더해준다. 그래서 잡화점에서 산 망고 빙수가 그려진 귀여운 엽서 한 장, 관광 명소들이 귀엽게 그려져 있는 마스킹테이프 한 개가 오히려 타이완의 분위기를 전하고 소개하기에 안성맞춤인 기념품이 되어준다. 청지아지아쥐에는 훌륭한 기념품이 될 만한 귀엽고 깜찍한 물건들이 작은 가게 안에 가득하다. 주로 일본 관광객들이 찾아오는지 물건마다 이름과 가격이 일본어로도 적혀있다. 점원의 일본어도 수준급이다.

① 다양한 전통공예품과 디자인 문구, 귀여운 기념품이 가득한 청지아지아쥐.
② 타이완 지도, 타이완을 대표하는 음식이나 관광지가 예쁘게 그려져 있는 엽서는 그냥 지나치기 어려운 기념품!

생강의 아름다운 변신

지앙신비신 薑心比心

타이완 사람들은 생강을 좋아한다. 음식을 만들 때 양념으로 넣는 건 물론이고, 특히 만두가게라면 테이블 위에 잘게 채 썰어진 생강채는 기본이다. 게다가 생강으로 화장품까지 만들어 인기를 얻고 있다. 전직 요리사였던 대표는 생강의 효능에 대해 누구보다 잘 알고 있기에, 생강으로 화장품을 만드는 연구개발을 시작하게 되었다. 해발 800m 높이에서 유기농으로 재배되는 생강밭은 한 번 재배하면 3년의 휴지기를 둔다. 중국어 발음이 같은 고사성어 지앙신비신(將心比心, '역지사지'라는 뜻)을 응용하여 만든 브랜드명을 지닌 이곳의 제품은 AMBA 호텔에서도 객실 어메니티로 만나볼 수 있다.

- MRT 똥먼(東門) 역 5번 출구에서 도보 10분
- 台北市永康街28號
- 11:00~22:00
- 02-2351-4778
- ginger800.com.tw

① 세련된 분위기의 매장 내부.
② 다양한 선물세트도 구비되어 있다.
③ 비누는 직접 손을 씻으며 사용해 볼 수 있다.

Special
캉칭롱 골목 산책

사범대학교 인근의 용캉지에(永康街), 칭티엔지에(靑田街), 롱추안지에(龍泉街)를 합쳐 캉칭롱(康靑龍) 골목이라 불린다. 맛집들이 모여 있는 용캉지에와 한적한 주택가 골목 사이로 카페들이 이따금 나타나는 칭티엔지에, 사대 야시장이 형성되어 있는 롱추안지에로 이루어진 이 일대를 돌아보는 것만으로도 멋진 코스가 완성된다.

무이 mooi + 에꼴 Ecole Cafe
신생초등학교(新生國小) 뒤편 골목에 중고가구점 무이와 카페 에꼴이 나란히 자리하고 있다. 무이는 푸진지에를 대표하던, 유럽의 중고가구를 파는 빈지티 가구점이다. 왠지 파리의 대학가에 있을 법한 분위기의 카페 에꼴에서는 주말 아침 여유 있게 브런치를 즐기기에 좋다.

台北市靑田街一巷6號
09:00~21:00

칭티엔차관 靑田茶館
갤러리와 차관이 함께 있는 칭티엔차관. 갤러리 내부에서 차를 마시거나 자갈이 깔린 뒷마당으로 돌아 들어가면 커다란 테이블 자리가 숨어있다. 샤오팡이라는 커다란 개와 고양이가 손님은 신경 쓰지 않고, 느긋하게 바닥에 배를 깔고 누워있던 곳.

台北市靑田街8巷12號
11:00~18:00, 월요일 휴무

포굿 카페 好多咖啡, Forgood

번잡한 용캉지에 골목들 사이를 통과하는 작은 주택가 골목에 자리하고 있는 포굿 카페. 내부는 화이트 컬러와 원목이 어우러져 편안한 분위기를 만들고 있다. 가게 밖에서도 눈길을 끄는 커다란 오픈키친에서는 매일 맛있는 케이크가 만들어진다.

※ 台北市永康街41巷12號
⏰ 13:00~23:00

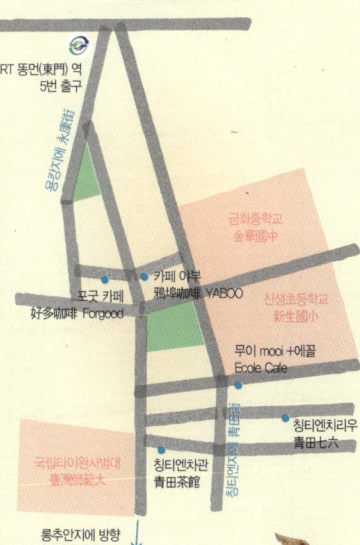

• 캉칭롱 골목 산책 지도 •

MRT 동먼(東門)역 5번 출구
용캉지에 永康街
포굿 카페 好多咖啡 Forgood
카페 야부 鴉埠咖啡 YABOO
금화중학교 金華國中
신생초등학교 新生國小
무이 mooi + 에꼴 Ecole Cafe
국립타이완사범대 臺灣師範大
칭티엔차관 青田茶館
칭티엔치리우 青田七六
칭티엔지에 青田街
롱추안지에 방향 (사대야시장)

카페 야부 鴉埠咖啡, YABOO

화려한 철 장식의 입구 탓에 들어가도 될까 약간 망설이게 되는 카페 야부. 막상 문을 열고 들어가면 시크한 고양이들과 친절한 주인이 미소로 인사를 건넨다. 강렬한 색채와 편안한 소파로 인테리어 된 야부의 메뉴판에서 눈에 띄는 메뉴는 '네 맘대로'라는 뜻의 수이삐엔니(隨便你, Something special you want)와 '내 맘대로'라는 뜻의 수이삐엔워(隨便我, Today's special from barista). 가볍게 생각하고 마신 한 잔의 알코올라테에 얼굴은 금세 홍조를 띠게 된다.

※ 台北市永康街41巷26號
⏰ 12:00~24:00, 오후차 이용시간 월~금요일 14:00~17:00

3 Days in Taipei 103

펑리수
타이베이 여행의 대표 기념품은 역시 펑리수!
한입 크기의 달콤한 파인애플 케이크은
남녀노소 모두의 취향저격이 가능한 선물이다.

핸드크림
생강으로 만든 화장품 브랜드
지앙신비신(薑心比心)의 핸드크림세트.
생강 냄새 대신 라벤더향, 오렌지향 등이 가득하다.

Special
오늘의 수확물 Ⅲ

누가캐러멜
달콤하면서도 부드러운 맛의 누가캐러멜.
베이커리 이지셩(一之軒, liysheng)의 제품은
케이스도 예뻐서 선물용으로도 좋다.

누가크래커
짭짤한 크래커 안에
달달한 누가캐러멜이 들어있는 누가크래커.
단맛+짠맛의 조화에 자꾸만 손이 가는 마성의 과자.

마그넷
여행을 추억하게 해주는
기념품의 정석 마그넷.

젓가락·컵받침
타이완 원주민 객가족(客家族)의 화려한 꽃무늬로
디자인 된 컵받침과 나무젓가락.

번외편

3일 간의 여행이 아쉽다면 조금 더 멀리 가보기

베이터우 온천 여행

타이완은 풍부한 지열 자원을 가지고 있어 일본 다음으로 온천이 많이 밀집된 지역이기도 하다. 타이베이 근교에는 유황천인 베이터우 온천와 양명산 온천, 무색무취의 탄산천인 우라이 온천이 있는데, 그 중 베이터우 온천은 MRT 신베이터우 역에서 내리면 바로 닿을 수 있어 편리하다. 베이터우는 원래 평지에 사는 원주민인 케다가란(Ketagalan)족이 사는 거주지였다. MRT 역에 내리면 원주민 캐릭터를 먼저 만나게 되는 것도, 커다란 케다가란 원주민 박물관이 있는 것도 그 이유에서다. 일제강점기에 지열곡 일대가 발견되면서 일본의 이즈산 온천을 모델로 대중 온천이 개발되기 시작했다. 관광객들에게 사랑받는 온천과 관광지들은 주로 베이터우공원 주변에 밀집되어 있다.

어떻게 갈까?

MRT 2호선(딴쉐이신이시엔) 베이터우(北投) 역에서 신베이터우(新北投) 행으로 환승.

어떻게 다닐까?

베이터우는 도보 여행으로 적당한 곳이다. 온천 외에도 우거진 수목 사이로 흐르는 온천수를 따라 걷는 산책길과 박물관, 도서관 등 곳곳에 둘러볼 건물들이 있어서 반나절 정도 여유롭게 거닐다 오기에 좋은 동네이다.

푸른 공원 속 아름다운 도서관
타이베이시립도서관 베이터우 분관 台北市立圖書館-北投分館

MRT 신베이터우 역에서 나와 길 하나만 건너면 바로 커다란 나무들이 빼곡히 들어차 있는 베이터우공원이 시작된다. 공원의 푸르름 사이로 목조 건물이 하나 서 있는데, 타이완 최초의 친환경 건축물로 지어진 타이베이시립도서관 베이터우 분관이다. 태양열을 사용한 발전 시설과 빗물을 재사용하는 등 여러 환경에너지를 활용하는 방안을 가지고 있으며 디자인도 우수하여 다양한 수상 경력을 가지고 있는 건물이기도 하다. 미국 'Favorwire.com'이 선정한 '지구에서 가장 아름다운 도서관 25'에 선정되기도 했다. 지상 2층의 열람실엔 책장 사이마다 잠시 앉아서 책을 볼 수 있는 공간들이 다양하게 마련되어 있어서 이용자에 대한 세심한 배려가 느껴진다. 야외 발코니에 나가 공원의 녹음 사이로 불어오는 바람을 맞으며 가만히 앉아 있노라면 잠시 시간이 멈춘 듯하다.

- 台北市建國南路二段125號
- 화~토요일 08:30~21:00, 일 · 월요일 09:00~17:00, 매월 첫 번째 목요일 휴관
- 02-2755-2823
- www.tpml.edu.tw

① 엄마와 함께 그림책을 보는 어린 아이부터 나이 지긋한 어르신까지 다양한 연령층의 동네 주민들이 애용하는 시립도서관.
② 목재와 커다란 창이 만들어 내는 도서관 내부는 무척이나 밝고 편안한 느낌이다.
③ 베이터우의 푸른 녹음에 둘러싸인 야외 발코니에 앉아 있으면 복잡한 머릿속이 서서히 풀리는 기분이다.

과거의 흔적이 그대로 남아있는 온천욕장
베이터우온천박물관 北投溫泉博物館

타이베이시립도서관 바로 왼편에 있는 빨간 벽돌 건물이 베이터우온천박물관이다. 입구만 보면 아주 작은 건물인 것 같지만, 뒤편으로 큰 건물들이 이어져 있다. 1913년 일제강점기에 일본 시즈오카현 이즈 반도의 온천을 모델로 만든 동아시아 최대 규모의 온천욕장이다. 1998년 수리·복원 후 국가 3급 고적으로 지정되어 무료 개방이 시작되었다. 실내 슬리퍼로 갈아 신고 내부로 들어서면 베이터우의 푸른 녹음이 주위에 병풍처럼 펼쳐져 있는 커다란 다다미방을 먼저 만나게 된다. 이곳은 온천 후 식사를 하거나 휴식을 취하던 곳이다. 주중에는 들어가 볼 수 있지만, 주말에는 관람객이 많아 진입이 금지된다. 지하로 내려가면 옛날에 실제로 이용하던 온천탕이 보존되어 있다. 중세 서양풍의 건물 장식들과 석재로 만들어진 커다란 욕탕이 만들어내는 분위기가 굉장히 묘하다. 한쪽에 전시된 커다란 베이터우석은 베이터우와 일본 다마가와(玉川)에만 있는 희귀한 광석으로 이 돌 덕분에 베이터우에서는 투명한 녹색을 띠는 청황(青磺)온천이 만들어진다.

- 台北市北投區中山路2號
- 09:00~17:00, 월요일 휴무
- 02-2893-9981
- hotspringmuseum.taipei
- ※무료입장

번외편

① 온천욕장은 일본 군인들의 치료 목적으로도 사용되었다고 한다.
② 온천욕을 마치고 나와 휴식을 취하던 널찍한 다다미방.
③ 서양식 건축양식으로 장식되어 있는 커다란 욕탕은 신비한 분위기 마저 감돈다.

3 Days in Taipei

베이터우 온천의 근원지

지열곡 地熱谷

베이터우와 양명산의 온천은 무색무취의 우라이 온천과 달리 독특한 냄새가 나는 유황온천이다. 유황 중에서도 양명산 온천은 희고 탁한 백황이 일반적이고, 베이터우는 투명한 녹색인 청황을 사용하는데, 지열곡은 이 베이터우 온천의 근원지이다.
커다란 나무 아래 산책로 같은 길을 따라 지열곡을 향해 걷다 보면 어느 순간부터 유황 특유의 냄새가 나기 시작한다. 투명한 에메랄드빛을 띠고 있는 온천수는 100℃에 달하는 고온으로, 여름에는 열기 때문에 가까이 다가가기도 힘들다. 수면 위로 뿜어내는 하얀 수증기 때문에 뭔가 영험한 분위기가 느껴지기도 하다. 잠시 바라보고만 있어도 온천욕을 하는 것처럼 이마엔 땀이 송글송글 맺힌다. 강한 산성을 지니고 있어 바로 목욕을 하거나 마실 수는 없다. 부근의 온천호텔들은 처리를 거친 물을 사용하므로 유황 냄새가 나진 않는다. 예전에는 온천물에 달걀을 삶아 먹는 등 취사가 가능했으나 화상 사고가 자주 발생하여 현재는 금지되고 있다.

台北市北投區中山路
09:00~17:00, 월요일 휴무
02-2720-8889

① 지열곡으로 가는 길은 온천수가 흐르는 숲길 공원 산책로를 따라 연결되어 있다
② 베이터우 온천의 근원이 되는 지열곡. 100℃가 넘는 고온으로 인해 수면 위는 하얀 수증기로 가득 덮여 있다.

하루의 피로를 씻을 수 있는 온천 호텔
티엔위엔취엔 天玥泉

번외편

베이터우에서는 노천탕, 대중탕, 개인탕 등의 다양한 방법으로 온천을 즐길 수 있다. 이 중 개인탕은 온천호텔의 객실을 정해진 시간동안 이용하는 것이다. 객실은 일반객실과 탕 전용객실이 있는데, 목욕시설만 있는 탕 전용객실이 좀 더 저렴하다.

온천 호텔 티엔위엔취엔은 MRT 역 바로 근처라 지열곡까지 한 바퀴 산책하고 내려온 후 온천욕으로 마무리하기에 좋다. 탕 전용객실은 2개 층에 별도로 마련되어 있는데, 1~2인용으로 목욕탕을 축소해놓은 듯한 독특한 객실이다. 호텔이라 24시간 언제라도 이용할 수 있고, 이용 시간은 90분인데 끝나기 10분 전에 전화로 알려준다. 잠깐이지만 유황 온천물에 몸을 담그고 나오니 피로도 풀리고 왠지 피부도 좋아진 듯하다.

복도를 기준으로 공원 쪽의 객실은 커다란 창이 있어 밝으나, 반대쪽 객실은 불투명한 작은 창 밖에 없어 어둡기 때문에 조금 무서울 수 있으니 주의.

台北市北投區中山路3號
24시간
02-2898-8661
www.tyq.com.tw

> **TIP**
> ### 티엔위엔취엔 이용 가격
> - **대중탕(大眾裸湯)**
> 시간제한없음. 평일 520NT$, 휴일 600NT$
> - **탕 전용객실(禪式湯屋)**
> 90분, 2인(1인 추가 시 300NT$)
> 평일 1,150NT$, 휴일 1,350NT$
> - **일반객실(舒活湯屋)**
> 120분, 2인(1인 추가 시 400NT$)
> 평일 1,650NT$, 휴일 1,950NT$

① 객실 계산할 때 받은 1층의 카페 무료이용권을 사용하면, 간단한 디저트와 음료수 한 잔으로 온천욕을 하고 나온 뒤의 출출함을 달랠 수도 있다.
② 객실에는 냉탕, 온탕으로 이용하도록 두 개의 작은 탕과 샤워시설로 구획되어 있으며 수건과 샴푸 등도 기본으로 구비되어 있다.

❶

❷

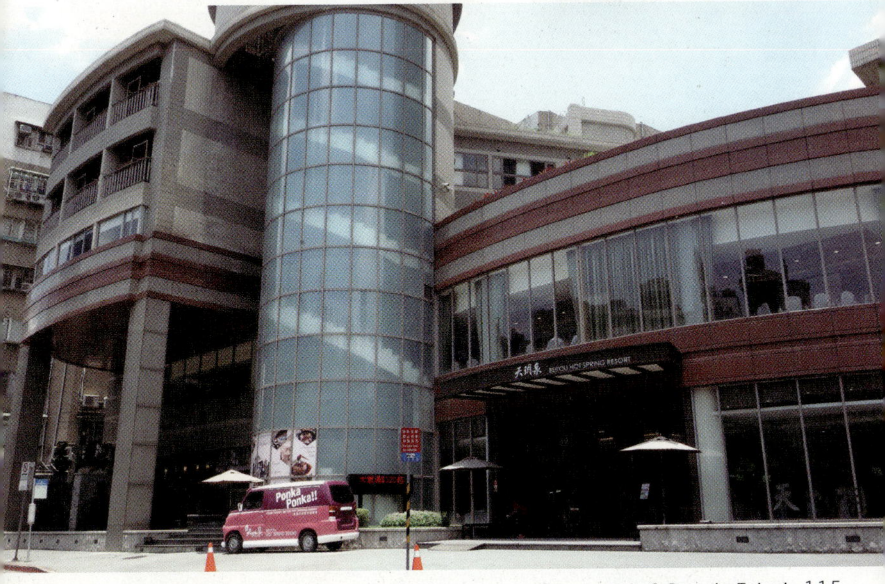

지우펀
골목길 탐방

지우펀은 타이완의 북동쪽에 위치한 신베이시 루이팡 지구의 작은 산골 마을이다. 청대(淸代)에 아홉 가구가 살고 있었는데, 한 번씩 밖에 나가 생필품을 사 와서는 아홉 집이 나누었다고 해서 지우펀(九份)이라고 불렸고, 이후 자연스럽게 이곳을 칭하는 공식명칭이 되었다. 1893년까지는 고립된 마을이었으나 사금이 발견되면서 일확천금을 노리며 금광으로 몰려드는 사람들로 호황을 누렸다. 특히 일제강점기에 금광산업이 가장 호황기를 누렸고, 이때 지어진 일본식 건물들이 아직 남아 일본풍 분위기가 마을의 곳곳에 녹아있다. 이후 금광산업이 몰락하기 시작하면서 1971년 금광이 폐쇄되고, 다시 한적한 시골 마을로 쇠락했다가 지우펀을 배경으로 한 영화 '비정성시(悲情城市, 1989)'가 베니스 국제영화제에서 그랑프리를 수상하면서 다시 유명세를 타기 시작했다. 산자락에 자리하고 있는 작은 마을이 품고 있는 독특한 분위기로 인해 내국인, 외국인에게 모두 인기 있는 여행지이다.

어떻게 갈까?

• 타이베이 → 지우펀

① MRT 쭝샤오푸싱(忠孝復興) 역 1번 출구로 나와 반대방향으로 걷는다.
② 소고 백화점 앞 사거리에서 좌회전 한다.
③ MRT 지상철의 고가선로를 따라 직진하면 진과스(金瓜石) 행 1062 버스정류장이 나온다.
　편도 102NT$(요요카 사용 시 85NT$), 약 50분 소요.

• 지우펀 → 타이베이

① 지산지에 입구에 있는 세븐일레븐을 오른쪽에 두고 오르막길로 직진하면 건너편에 커다란 버스정류장이 보인다.
② 타이베이 행 버스에 사람이 많을 때에는 루이팡(瑞芳) 역에서 내려서 기차를 타고 타이베이 기차역까지 오는 방법도 있다.

어떻게 다닐까?

지우펀 산책의 주요 루트는 동서로 가로지르는 '지산지에(基山街)'와 교차를 이루는 가파른 계단길 '수치루(竪崎路)'이다. 타이베이에서 타고 온 버스가 지산지에 입구 근처의 정류장에서 하차하기 때문에 지우펀 골목 구경은 보통 지산지에에서부터 시작된다. 양옆으로 상점들이 즐비한 지산지에 골목을 구경하며 나아가다보면 양옆으로 가파른 계단길인 수치루와 교차하는 지점이 나온다. 내려가는 방향의 짧은 계단길이 바로 지우펀을 대표하는 홍등 풍경이 펼쳐지는 곳이다. 수치루 계단을 따라 셩핑(昇平) 극장까지 내려오면 지나온 길을 다시 역방향으로 구경하며 지산지에 입구로 돌아오거나, 칭삐엔루(輕便路)를 따라 여행안내소까지 걸어와 계단을 오르면 처음 하차했던 정류장이 나온다.

맛있는 샤오츠와 기념품 가게 구경

지산지에 基山街

조금은 위험해 보일 정도로 구불구불 나 있는 산길을 따라 한참을 올라가던 버스는 산 아래 풍경이 한눈에 내려다보이는 전망대 같은 곳(觀海樓)에 멈춰 선다. 버스에 내려 크게 심호흡 한 번, 기지개 한 번 켜고는 편의점(세븐일레븐) 방향으로 걸어 올라간다. 지우펀의 라오지에인 지산지에(基山街)의 입구가 바로 옆에 있는데, 골목 입구보다 편의점이 더 크고 잘 보이기 때문이다. 라오지에 상점가는 입구부터 골목 양옆으로 샤오츠를 파는 식당들과 기념품 가게들이 빼곡하게 늘어서 있다. 주말이면 사람들이 많은 탓도 있지만, 처음 보는 먹거리들과 기념품들을 구경하기 위해 가게마다 기웃거리며 가느라 앞으로 나아가는 속도가 좀처럼 붙지 않는다. 상점 구경을 하며 길을 따라 계속 걸어가다 보면 갑자기 길이 끝나는 듯 눈앞이 확 트이는 전망대가 나온다. 멀리 바다까지 내려다보이는 전망대에 도착하면 지산지에의 메인 루트 구경은 끝난 셈이다. 다시 상점 골목으로 되돌아가 방금 전 지나쳐온 수치루 계단길을 찾아간다.

상점가의 시작인
지산지에의 입구.

번외편

금광 산업이 호황을 누리던 시절엔 금은방, 전당포 등이 들어섰던 지산지에 골목에,
이제는 갖가지 다양한 기념품 가게와 식당들로 가득하다.

3 Days in Taipei

Special
지산지에의 샤오츠

위위엔 芋圓

밀가루가 아닌 토란으로 만든 쫄깃한 위위엔 (50NT$). ICE로 주문하면 오도독 씹히는 투박한 얼음과 함께 담아준다.

미펀 米粉 · 위완탕 魚丸湯

양념장을 뿌려 먹는 미펀(米粉, 30NT$)과 속이 빈 틈없이 꽉 들어차 탱글탱글한 어묵으로 만든 어묵탕인 위완탕(50NT$)은 함께 먹어야 더 맛있다.

땅콩 아이스크림 花生氷淇淋

타이완은 땅콩이 맛있기로도 유명하다. 커다란 땅콩엿을 갈아서 셔벗 아이스크림과 함께 싸먹는 땅콩 아이스크림(80NT$)은 고소하면서도 시원 달콤하다.

석탄 초콜릿

한때 잘나가는 금광마을이었던 지우펀의 콘셉트를 활용한 석탄 초콜릿 (160NT$).

아이스크림 퍼프

바삭한 페이스트리 안에 커다란 아이스크림 두 스쿱을 넣어주는 아이스크림 퍼프(130NT$). 아이스크림은 8개의 종류 중 기호에 맞게 선택할 수 있다.

번외편

건강한 맛의 곡물차 카페

시드차 吾穀茶糧, Siidcha

상점 구경을 하며 따라 걷던 지산지에가 갑자기 좌측으로 꺾어지면서 자연스럽게 산자락과 멀리 바다까지 내려다보이는 전망이 시원하게 펼쳐진다. 풍경을 한아름 담던 시선의 한쪽 끝에 낡은 콘크리트 건물이 나타나는데, 곡물차를 파는 찻집 시드차이다. 내부는 화이트와 원목으로 심플하게 꾸며져 있다. 1층에서 주문을 하고 올라간 2층에는 커다란 유리창으로 풍경이 내려다 보이고, 3층에는 야외 테라스석도 있다.

新北市瑞芳區基山街166號
11:30~19:00
02-2496-9976
siidcha.com.tw

① 밝고 편안한 분위기의 2층 실내.
② 카모마일유자차(洋甘菊柚子茶 180NT$)와 복숭아우롱차(白桃烏龍茶 180NT$).

3 Days in Taipei 121

홍등으로 붉게 물든 계단길

수치루 豎崎路

지우펀 혹은 타이완을 소개하는 사진에 단골로 등장하는 홍등이 걸린 좁은 돌계단 골목이 바로 수치루이다. 이곳은 지산지에와 교차 지점에서 내려가는 방향이다. 좁은 계단길 양옆으로는 차관들이 들어서 있다. 좀 더 한산한 지우펀 골목을 거닐고 싶다면 이른 시간이 좋겠지만, 밤하늘을 배경으로 붉게 빛나는 홍등이 흔들거리는 야경을 보기 위해서 보통은 오후에 지우펀을 찾는다. 수치루 계단의 왼쪽에는 영화 '비정성시'의 촬영지이기도 한 비정성시(悲情城市)라는 차관이, 오른쪽엔 가장 인기 있는 아메이차지우관(阿妹茶酒館)이 자리하고 있다. 비정성시는 앞의 차관에 조망이 가려져 있긴 하지만 주변 차관들의 붉은 홍등에 둘러싸여 차를 마실 수 있고, 지우펀의 명소가 된 아메이차지우관에서는 지우펀의 풍경을 조망하면서 차를 마실 수 있다. 붉은 홍등이 넘실거리는 풍경을 바라보며 여유롭게 차 한잔 마시면 번성하던 지우펀의 과거 속으로 들어와 있는 기분마저 든다.

수치루의 명소 아메이차지우관.

핑시선 기차 여행

루이팡(瑞芳) 역에서 징통(菁桐) 역까지(타이완의 북동쪽이자, 지우펀의 남쪽) 9개의 역을 연결하는 철로인 핑시선(平溪線)은 찌룽허구에 탄광업이 발달하면서 1921년 한 광업회사가 석탄을 운반하기 위해 지은 전용철로였다. 1929년 타이완총독부가 매입한 이후부터 핑시선이라는 이름으로 일반 여객 운송 철로로 사용되었다. 80년대 들어 탄광들이 문을 닫고 사람들이 다른 곳으로 이주하기 시작하면서 핑시선도 한때 없어질 위기에 처했으나, 관광 열차로 개발된 이후 제2의 전성기를 맞고 있다.

핑시선은 타이완 철도의 6개의 지선(支線) 중 가장 오래되고, 가장 아름다운 지선으로 꼽힌다. 덜컹거리는 작은 열차를 타고 지룽 강 상류의 골짜기를 오르는 동안 정차하는 작은 산골 마을마다 아직 곳곳에 탄광사업의 흔적들이 남아 있어 번영을 이루던 옛 시절을 짐작하게 해 준다. 철로와 나란히 흐르는 초록빛 지룽 강과 골짜기 지형으로 만들어진 크고 작은 폭포 등의 자연경관도 핑시선 여행을 더욱 풍성하게 해준다.

어떻게 갈까?

① 타이베이 기차역에서 기차를 타고 루이팡 역까지 간다.
- 루이팡 역까지 가는 기차표와 핑시선 1일 열차권(平溪線一日周遊券, One Pass for Pinxi Line, 80NT$)을 함께 구입한다.
- 루이팡 역까지 가는 열차는 지정좌석의 유무와 속도(소요시간)에 따라 다섯 종류(普悠瑪, 自强, 莒光, 區快, 區間)가 있고, 요금은 약 50~80NT$다. 소요 시간은 20~30분 정도 차이가 난다.
- 요요카로도 열차 탑승은 가능하나 취지엔(區間, 통근열차) 요금(49NT$)으로 적용되므로 좌석 지정은 받지 못한다.
- 좌석이 지정되는 열차표는 창구에서 구입해야 한다.

② 루이팡 역에서 핑시선 열차로 갈아탄다.
- 핑시선 열차 간격은 1시간이기 때문에 다음 열차 시간 확인이 중요하다.
- 다른 지역도 함께 돌아보는 일정을 잡는다면 특히 열차 시간을 확인해서 시간 계획을 잘 세워야 한다.

③ 핑시선을 타고 원하는 역마다 내려 다음 열차가 올 때까지 둘러본다.
- 루이팡 역에서부터 징통 역까지의 순방향 순서로 내리거나, 우선 징통 역으로 가서 역방향으로 오면서 구경하는 방법이 있다.
- 핑시선 열차 시간표는 조금씩 변동이 있을 수 있으니 역에 도착하면 우선적으로 다음 시간을 확인해 놓아야 한다.

어떻게 다닐까?

핑시선 열차는 한 시간 간격으로 운행되기 때문에, 4~5개 정도의 역에 내려 다음 열차를 타기 전 한 시간 동안 마을을 둘러보는 일정으로 계획한다고 해도 꼬박 하루 정도가 걸린다. 가까운 지우펀과 함께 둘러볼 계획이라면 아쉽지만 한두 군데 정도 꼭 가보고 싶은 역을 골라 일정을 세우는 것이 좋다.

핑시선 노선

루이팡	허우통	싼띠아오링	따화	스펀	왕구	링지아오	핑시	징통
瑞芳	猴硐	三貂嶺	大華	十分	望古	嶺脚	平溪	菁桐
Ruifang	Ruifang			Shifen			Pingxi	Jingtong

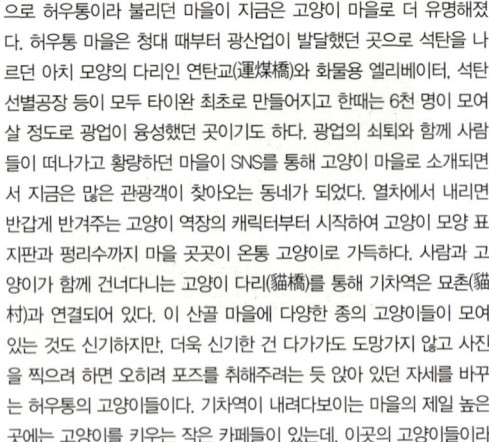

고양이 마을

허우통 猴硐

원래는 근처 산자락의 동굴에 원숭이가 많아서 원숭이 동굴이라는 뜻으로 허우통이라 불리던 마을이 지금은 고양이 마을로 더 유명해졌다. 허우통 마을은 청대 때부터 광산업이 발달했던 곳으로 석탄을 나르던 아치 모양의 다리인 연탄교(運煤橋)와 화물용 엘리베이터, 석탄 선별공장 등이 모두 타이완 최초로 만들어지고 한때는 6천 명이 모여 살 정도로 광업이 융성했던 곳이기도 하다. 광업의 쇠퇴와 함께 사람들이 떠나가고 황량하던 마을이 SNS를 통해 고양이 마을로 소개되면서 지금은 많은 관광객이 찾아오는 동네가 되었다. 열차에서 내리면 반갑게 반겨주는 고양이 역장의 캐릭터부터 시작하여 고양이 모양 표지판과 펑리수까지 마을 곳곳이 온통 고양이로 가득하다. 사람과 고양이가 함께 건너다니는 고양이 다리(貓橋)를 통해 기차역은 묘촌(貓村)과 연결되어 있다. 이 산골 마을에 다양한 종의 고양이들이 모여 있는 것도 신기하지만, 더욱 신기한 건 다가가도 도망가지 않고 사진을 찍으려 하면 오히려 포즈를 취해주려는 듯 앉아 있던 자세를 바꾸는 허우통의 고양이들이다. 기차역이 내려다보이는 마을의 제일 높은 곳에는 고양이를 키우는 작은 카페들이 있는데, 이곳의 고양이들이라면 왠지 함께 차 한 잔도 가능할 듯한 느낌이다. 고양이 마을답게 곳곳에 귀여운 고양이 그림의 벽화와 조각상들, 발걸음을 옮길 때마다 마주치게 되는 고양이들로 고양이를 좋아하는 사람이라면 온종일도 머무를 수 있는 귀여운 마을이다.

고양이 마을 탐방의 시작지 허우통 역.

석탄을 운반하는 레일이
그대로 남아있는 연탄교.

번외편

① 마을이 내려다보이는 묘촌의 제일 높은 곳에는
작은 카페들이 모여있다.
② 허우통의 어딜 가든 만나게 되는 고양이들.
③ 고양이들의 보금자리도 마련되어 있다.
④ 연탄교를 건너가면 옛 탄광 입구까지 터널을 통과
할 수 있는 미니 열차인 백년광차(百年鐵車) 승차
장이 있다.
⑤ 묘촌 언덕에서 내려다보는 마을의 풍경.

3 Days in Taipei

천등 마을

스펀 十分

핑시선의 역 중에 유일하게 복선 선로인 만큼 가장 규모가 크며, 동시에 관광객들로 가장 붐비는 역이기도 하다. 스펀을 찾는 이유는 뭐니 뭐니해도 천등이다. 선로의 양쪽에는 기차와 닿을 만큼 천등 가게들이 아슬아슬하게 가까이 붙어 있다. 천등의 색깔마다 각기 다른 의미를 지니고 있는데, 바라는 소원의 내용에 맞는 색으로 선택할 수 있다. 붓글씨로 소원을 천등의 사면에 적은 후엔 불을 붙여 하늘로 날린다. 천등 가게 직원들은 이미 사진 찍기 전문가가 되어 천등에 불을 붙여 날리기 전에 포즈까지 주문하며 기념 사진을 찍어준다. 해 질 녘 스펀 역에 도착하도록 계획한다면 노을 지는 하늘을 배경으로 불을 밝힌 천등이 떠오르는 풍경을 감상할 수 있다. 평소에도 북적거리는 스펀 역에 음력 정월 15일 천등 축제가 열리면, 한껏 모여든 사람들과 하늘 가득히 떠오르는 천등이 장관을 이룬다. 스펀 역 바로 옆에서 파는 닭날개구이 또한 스펀의 명물. 닭날개 안에 매콤한 소스의 볶음밥을 넣은 메뉴는 다른 곳에서는 볼 수 없기에 가게 앞엔 늘 줄이 늘어서 있다. 천등 날리기에 큰 관심이 없다면 역 주변에 있는 흔들다리 정안적교(靜安吊橋)와 타이완의 나이아가라 폭포로 불리는 스펀 폭포(十分瀑布) 등을 돌아보면 좋다.

① 천등의 색을 결정한 뒤 한 글자씩 정성스럽게 소원을 적는다.
② 소원을 적은 천등 밑에 불을 붙여 하늘로 날려 보낸다.
③ 스펀의 명물 매콤한 양념의 닭날개구이. 안에는 볶음밥이 들어있다.

번외편

라오지에 마을
핑시 平溪

핑시는 징통과 한 정류장 거리에 있는 역이다. 라오지에 상점가를 거닐면 대나무와 천등을 모두 볼 수 있어서 징통과 스펀을 반반씩 섞어놓은 듯하다. 이곳에서도 기차가 지나가고 난 뒤 빈 철로 위에서 천등을 날릴 수 있는데, 스펀보다 훨씬 이용객이 적어 한적한 분위기에서 천등을 날리고 싶거나 뒷배경으로 다른 사람들이 나오지 않는 사진을 찍고 싶다면 이곳 핑시를 이용하는 것이 좋다. 핑시 라오지에의 인기 샤오츠인 타이완식 소시지 샹창(香腸)을 손에 들고 골목 구경을 하는 것도 좋은 산책 방법. 역 근처의 상점들에서는 핑시선 여행을 기념할 만한 작고 귀여운 기념품들이 많아 다음 열차가 올 때까지 구경도 하면서 선물로 줄 기념품들을 구입할 수 있다.

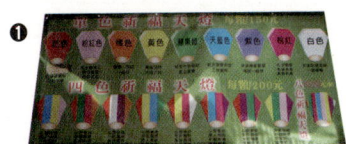

① 천등의 색상은 각각 빨강-복, 분홍-애정, 주황-행운, 노랑-금전, 초록-진급, 파랑-순리, 보라-학업, 하얀-건강을 의미한다.
② 낡은 건물로 둘러싸인 골목길은 핑시만의 은근한 매력을 선사해준다.
③ 샹창의 다양한 소스 중에 마늘맛을 골랐더니 다진 마늘 소스를 발라줄 거라는 예상과는 달리 얇게 썬 생마늘을 칼집을 낸 소세지에 그대로 꽂아준다. 마늘 박힌 소시지의 모양새는 조금 이상해도 짭조름한 샹창과 알싸한 생마늘의 조화가 은근히 어울린다.

대나무 마을

징통 菁桐

징통 역은 핑시선의 마지막 정차역이다. 목조 건물인 작고 아담한 징통 역은 규모는 작아도 80년이 넘는 긴 역사를 지닌 고적(古跡)이다. 아직 그 원형을 그대로 유지하고 있기에 철도 마니아들은 이 역사를 보기 위해서라도 징통을 찾는다. 역에서 나오면 바로 연결되는 라오지에는 철도 마니아인 주인이 만든 징통철도고사관(菁桐鐵道故事館)을 시작으로 상점가가 짧게 이어져 있다. 다른 역들과 다른 징통만의 매력은 열대우림의 푸르름에 둘러싸인 마을길을 천천히 거닐며 여유롭게 풍경을 감상하는 데에 있다. 그리고 또 하나 징통을 대표하는 풍경은 골목길이나 건물마다 가득 매달려 있는 기다란 죽통들이다. 스펀에서 소원을 적어 천등을 날리듯 징통에서는 죽통에 소원을 적어 걸어 놓는다.

녹음에 둘러싸인 조용한 산골 마을인 징통은 타이완의 드라마와 뮤직비디오 등의 인기 촬영지이기도 하다. 영화 '그 시절 우리가 좋아했던 소녀(那些年, 我們一起追的女孩, 2011)'의 주인공들이 철로 위를 함께 걷던 곳이기도 하며 영화 '타이베이에 눈이 온다면(台北飄雪, 2012)'의 주요 배경지이기도 하다. 영화 마지막 장면에서 주인공들이 재회하던 다리는 '정인교(情人橋)'라 불리는 중푸철교(中埔鐵橋)로 연인들이 사랑의 언약을 적어 걸어 놓은 죽통들이 특히 많이 걸려 있다.

80년의 역사를 지닌 목조 역사를 보기 위해 철도마니아들이 찾아오는 징통.

번외편

① 징통의 곳곳마다에는 소원을 적어 놓은 죽통들이 걸려 있다.
② 상점가 한쪽에 가득 걸려있는 죽통들.
③ 정인교라고 불리는 붉은 색의 중푸철교 역시 소중한 바람을 적어 매달아놓은 죽통들이 가득하다.
④ 푸르른 산림에 둘러싸인 조용한 마을길을 천천히 산책하다보면 징통만의 매력을 발견하게 된다.

3 Days in Taipei 131

제가 묵어봤습니다!
타이베이 추천 호텔

암바 시먼 amba XIMEN 意舍酒店

시먼딩 한복판에 위치하고 있는 암바 호텔은 앰배서더 호텔(國賓大飯店, Ambassador Hotel)이 50주년 되던 해에 만들어진 같은 그룹의 디자인호텔이다. 1층의 노천카페 tianba(甜吧)의 뒤편으로 가면, 5층부터 시작되는 호텔로 올라가는 전용 엘리베이터가 있다. 매번 올라갈 때마다 직원이 벨을 눌러주는데, 밤이 되면 카페의 커다란 음악 소리 덕에 클럽에 입장하는 기분이 든다. 호텔 안의 편의시설과 객실 안의 모든 소품에는 '~하자'라는 뜻의 '吧(ba)'를 붙여 귀여우면서도 친근한 느낌이 들도록 이름을 지어놓았다. 5층 로비와 연결된 레스토랑은 chiba(吃吧:'吃'는 '먹다'라는 뜻), 뮤직바는 tingba(聽吧:'聽'은 '듣다'라는 뜻)와 같은 식으로 객실 안의 슬리퍼에까지 chuanba(穿吧:'穿'는 '신다'라는 뜻)라고 써놓았다. 쭝산점과 쏭산점도 오픈했다.

- 台北市武昌街二段77號
- 02-2525-2828
- www.amba-hotels.com/en/ximending/

① 심플한 디자인으로 구성되어 있는 객실.
② 5층 로비 안쪽에 있는 레스토랑 chiba. 아침마다 이곳에 푸짐한 조식이 준비된다.

무지크 호텔 MUZIK HOTEL 儷夏商旅

특별하게 디자인된 객실이나 푸짐한 조식보다는 호텔은 잠만 자면 된다는 생각으로 더욱 저렴한 요금의 호텔을 찾는 실속파 여행자라면, 무지크 호텔을 추천한다. 이름은 호텔이어도 단독 건물로 있는 게 아니라, 도로변에 면한 오피스 건물의 두 개 층을 호텔로 사용해 간판으로만 겨우 찾을 수 있다. MRT 시먼 역 6번 출구에서 가까워 교통이 편리한 것은 물론이고, 바로 뒤편으로 시먼딩 골목이 펼쳐져 있어 늦은 밤까지도 알차게 시간을 보낼 수 있기에 하루 일정을 빠듯하게 세우는 여행자에게 더욱 안성맞춤이다. 조식은 근처의 모스버거를 이용할 수 있는 쿠폰을 제공한다. 쿠폰을 보여주고 따로 준비된 호텔 조식용 메뉴판에서 고르면 되는데, 워낙에 먹어봐야 할 샤오츠들이 많은 타이베이이다 보니 햄버거 하나로 간단하게 아침을 시작하는 것도 나쁘지 않다.

타이베이사람들이 어릴 적부터 즐겨먹던 과자들을 준비해놓았다.

台北市萬華區中華路1段90號 6樓
02-2311-6168
www.muzikhotel.com.tw

① 근처 모스버거에 따로 준비되어 있는 호텔 조식용 메뉴판.
② 모스버거에서 사용할 수 있는 조식 쿠폰.

플레이 디자인 호텔 Play Design Hotel 玩味旅舍

외관만으로는 호텔 위치를 절대 찾을 수 없다. 초등학교 건너편의 낡고 오래된 건물 5층을 리모델링한 호텔이기 때문이다. 엘리베이터에서 내리면 오른쪽은 사무실, 왼쪽은 객실 복도 출입구로 나뉘어 있다. 리셉션 데스크가 있는 사무실은 오전 10시부터 오후 6시 정도까지만 직원이 근무한다. 아이패드로 셀프체크인을 마치면 건물 1층 현관 열쇠와 객실 방 열쇠를 준다. 조식 서비스가 없는 데다가 1층의 건물 현관문부터 열쇠로 열고 들어와야 하니 호텔이 아니라 잠시 머무를 집이 생긴듯한 느낌이다. 퇴실할 때는 벽에 붙어있는 반납통에 열쇠를 넣으면 된다. 5개의 객실은 모두 다른 콘셉트로 세심하게 디자인되어 있다. 보통의 호텔처럼 바닥에 카펫이 깔려있지 않은 점도 색다르다. MRT 쭝산 역과 디화지에 사이에 위치하고 있는데, 바로 뒷골목에 닝시아 야시장이 있어 호텔로 돌아가는 밤길 걱정 없이 매일 밤 야시장을 여유롭게 즐길 수도 있다. 객실 안에는 드럼형 세탁기가 있어 간단한 세탁도 가능하다. 아침마다 길 건너 초등학교 교정을 향해 나 있는 커다란 창문을 통해 햇살이 한가득 들어와 더욱 상쾌하게 하루를 시작할 수 있다.

- 台北市大同區太原路156-2號5樓
- 02-2555-5930
- www.playdesignhotel.com

① 모두 다른 콘셉트로 디자인된 5개의 객실 중 가장 넓은 501호실.
② 조명과 가구 등의 디자인이나 설치 위치에서 세심함이 느껴진다.

에필로그

타이베이에서 돌아오는 비행기를 탈 때면 늘 다음 번 여행을 기약하게 됩니다.
하지만, 왜 또 타이베이냐는 질문을 받을 때면 굉장히 곤란해집니다.
커다란 나무 그늘이 드리워진 동네 골목길을 느긋하게 산책할 때 불어오던 잔잔한 바람과
야시장에서 우연히 사먹은 만두 한 개의 든든함, 빙수 한 그릇의 달콤함과
골목 구경을 하다 발견한 조용한 카페에서 누렸던 여유로움,
여행을 편안하게 만들어주는 타이베이 사람들의 친절함까지….
이 모든 걸 간단히 한 마디로 설명하기란 참 어렵습니다.

여유와 느긋함이 배어있는 도시에 발맞추어 반 박자 느린 걸음으로 거닐다보면
어느새 여러분도 타이베이만의 매력에 서서히 물들게 될 것입니다.
〈3 데이즈 in 타이베이〉가 그 여정에 조금이라도 도움이 되었으면 합니다.
그리고 이 책과 함께 한 독자 분들 또한 타이베이 여행을 마치고 돌아오는 길에
다음 번의 타이베이 여행을 기약하게 되길 바랍니다.

감사합니다.

3 데이즈 in 타이베이

초판 1쇄 2016년 10월 20일
지은이 김경하

발행인 양원석
편집장 고현진
책임편집 백혜성
디자인 RHK 디자인연구소 이재원
해외저작권 황지현
제작 문태일
영업마케팅 이영인, 양근모, 장현기, 박민범, 이주형, 이선미

펴낸 곳 (주)알에이치코리아
주소 서울시 금천구 가산디지털2로 53 한라시그마밸리 20층
편집 문의 02-6443-8932 **구입 문의** 02-6443-8838
홈페이지 http://rhk.co.kr
등록 2004년 1월 15일 제 2-3726호

ⓒ 김경하 2016

ISBN 978-89-255-6040-3 (13980)

※ 이 책은 (주)알에이치코리아가 저작권자와의 계약에 따라 발행한 것이므로
본사의 서면 동의 없이는 어떠한 형태나 수단으로도 이 책의 내용을 이용하지 못합니다.
※ 잘못된 책은 구입하신 서점에서 바꾸어 드립니다.
※ 책값은 뒤표지에 있습니다.